Er kann überall passieren – auf einer Party, beim Friseur, bei einem Geschäftstermin oder in einem Fahrstuhl: der unangenehmste aller menschlichen Fehler, der Fauxpas. Selbst die zuverlässigsten und geübtesten Plauderer kamen schon in die Verlegenheit, sich mitten im Gespräch nicht mehr an den Namen ihres Gegenübers erinnern zu können, jemandes Schwester für die Mutter zu halten, einer Bekannten, die einige Pfunde zugelegt hatte, irrtümlich zur Schwangerschaft zu gratulieren oder in einen der vielen anderen herumstehenden Fettnäpfe zu treten.
Doch dieser »gesellschaftliche Selbstmord« kann vermieden werden. Jeanne Martinet zeigt – und kann dabei auf den umfassenden Erfahrungsschatz einer Frau zurückgreifen, die sich selbst kaum eine Peinlichkeit erspart hat –, wie man sich vor dem Tritt in den Fettnapf schützen kann und wie es einem gelingt, einen begangenen Fauxpas wieder »auszubügeln«. Sie erfahren, wie Sie am geschicktesten von einer Peinlichkeit ablenken, sich angemessen entschuldigen oder auf welche Art und Weise Sie sonst der unangenehmen Situation entfliehen können, ganz gleich, wie schwerwiegend der Fauxpas war.

Jeanne Martinet lebt und schreibt in New York. Sie ist Autorin mehrerer Bücher.

Unsere Adresse im Internet: www.fischer-tb.de

Jeanne Martinet

Das Fauxpas-Handbuch

Wie man sich am eigenen Schopf aus dem Fettnapf zieht

Aus dem Amerikanischen von
Ebba D. Drolshagen

Fischer Taschenbuch Verlag

2. Auflage: August 2000

Veröffentlicht im Fischer Taschenbuch Verlag GmbH,
Frankfurt am Main, Juni 2000

Lizenzausgabe mit Genehmigung des
Wolfgang Krüger Verlages, Frankfurt am Main
Die amerikanische Originalausgabe erschien 1996
unter dem Titel ›The Faux Pas Survival Guide.
The Fine Art of Removing Your Foot From Your Mouth‹
im Verlag St. Martin's Press, New York

Druck und Bindung: Clausen & Bosse, Leck
Printed in Germany
ISBN 3-596-14742-5

Inhalt

Danksagungen

Ich beginge sicher einen Fauxpas, wollte ich versuchen, alle namentlich aufzuführen, die mir ihre persönlichen Fauxpas-Horrorgeschichten erzählt haben – unweigerlich würde ich jemanden vergessen oder jemanden nennen, der/die lieber anonym bliebe. Ich bitte daher alle, die zu diesem Buch beigetragen haben, meinen nicht detailliert aufgefächerten, aber tief empfundenen Dank entgegenzunehmen.

Namentlich danken aber möchte ich Carter Inskeep, Jason Harootunian und meinen Lektorinnen Barbara Anderson und Marian Lizzi.

Einleitung: Stehe ich jetzt im Fettnäpfchen oder nicht?

Sie wissen nicht, wann es passiert.

Sie essen mit Ihrer Freundin Lisa und deren Freundin Angela zu Abend. Sie haben Angela erst an diesem Abend kennengelernt, aber Sie drei verstehen sich gut, und beim Nachtisch sind Sie bei Ihrem Lieblingsthema angekommen: Sie wünschen sich einen neuen Partner. Lisa erzählt von einem Bekannten, der in Frage kommen könnte, einem Anwalt namens Walter. Zum Abschluß sagt sie: »Ich glaube, er würde gut zu dir passen, was meinst du?«

»Ach, ich weiß nicht«, sagen Sie und denken mit Widerwillen an den letzten Anwalt, den Sie auf diese Weise kennengelernt haben.

»Na ja«, räumt Lisa ein, »vielleicht wäre er wirklich eher etwas für Angela.«

Sie sehen mit verlorenem Blick von Ihrem Tiramisu auf und fragen: »Angela? Welche Angela?« Es folgt eine lange, lange Stille, während der Lisa nicht wagt, Angela anzusehen; sie legt nur ihren Löffel neben den Teller und schlägt die Hände vors Gesicht. Als Ihnen schließlich dämmert, wer Angela ist, werden Sie puterrot. Sie sind entsetzt, aber bemühen sich, es herabzuspielen: »Du liebe Güte, An-

gela«, sagen Sie lachend, »ich kann kaum glauben, daß wir den ganzen Abend zusammensitzen und ich deinen Namen vergessen habe!«
»Mach' dir nichts daraus«, antwortet Angela und lächelt freundlich. »Ich verspreche dir, daß ich deinen morgen auch vergessen haben werde.«

Es gibt zwei Dinge, die jeder Mensch fürchtet und mit denen er fertig werden muß: Eines ist der Tod. Das zweite ist, einen Fauxpas zu begehen. Im gesellschaftlichen Umgang ist nur wenig so peinvoll wie der grauenhafte Moment, in dem sich alle Augen auf Sie richten, weil Ihnen gerade ein ausgesprochen schlimmer Patzer unterlaufen ist. Ob Sie den neuen Ehemann Ihrer Gastgeberin mit dem Namen seines Vorgängers angesprochen oder versehentlich etwas über den Seitensprung eines anderen Gastes ausgeplaudert haben: Der Nachhall eines Fauxpas kann Sie seelisch völlig aus den Angeln heben und Ihnen den restlichen Tag gründlich verderben.
Viele Menschen halten mich für außerordentlich gewandt im gesellschaftlichen Umgang, aber nur wenige wissen, daß ich auch die Königin des Fauxpas bin. Die Königin im *Begehen* von Fauxpas. Ich kenne eigentlich niemanden, der sich so schnell und so tief in ein Fettnäpfchen hineinmanövrieren kann wie ich. So, wie sich ein geübter Skiläufer leichter ein Bein bricht als ein vorsichtiger Anfänger, mache ich als sehr kontaktfreudiger Mensch leichter Fehler als die Schüchternen im Lande. Und da ich, um im Bild des Skilaufens zu bleiben, in Unterhaltungen eine ausgeprägte Neigung zu olympiareifen Schußfahrten habe, pas-

sieren mir ständig Fauxpas: kleine, große, dezente und laute. Ich habe mir einige unglaublich katastrophale Desaster geleistet, nach denen nicht nur ich, sondern alle Anwesenden keinen sehnlicheren Wunsch hatten als den, das alles möge sich augenblicklich verflüchtigen wie der Alptraum der vorhergehenden Nacht. Aber es hat auch etwas Gutes, daß ich mich in Gesprächen so oft wie ein Idiot aufführe: Ich habe im Laufe der Jahre (durch häufige Gelegenheiten gezwungen – und wenn ich *häufig* sage, dann *meine* ich häufig) narrensichere Arten gelernt, so ziemlich jeden vorstellbaren gesellschaftlichen Patzer, jeden Fehlgriff, jeden peinlichen Versprecher und jede Taktlosigkeit geradezubiegen und mein Gesicht dabei zu wahren. Wir lernen am besten aus Fehlern. Wenn Sie niemals ein Chaos verursacht haben, können Sie nicht wissen, wie Sie es am besten wieder beseitigen.

Es gibt harmlose Fauxpas, die Sie und alle Anwesenden zum Lachen bringen; und es gibt Fauxpas, um deretwegen Sie wie ein waidwundes Tier aufschreien möchten. Ich neige ohne Zweifel zu der peinlicheren Variante, die ich überdies meist noch mit einem geradezu selbstmörderischen Maß an Dramatik und Lautstärke präsentiere. Ich brauche dafür keinesfalls ein besonderes gesellschaftliches Ereignis. Das Schreckliche an Fauxpas ist, daß sie passieren, wenn man am wenigsten mit ihnen rechnet – immer und überall. Gerade wenn Sie meinen, Sie seien vor allen sozialen Fußangeln sicher (Beispiel: der Metzger fragt Sie nach Ihren Wünschen, Sie sagen, mit Blick auf die Lammkoteletts, die Sie kaufen wollen: »Der Herr war vor mir«, und stellen dann fest, daß der Herr eine Dame ist), sind Sie schon in eine getappt und sitzen in der Fauxpas-Falle.

Eine solche Katastrophe, unvergeßlich und vielschichtig, begann unmittelbar vor meiner Wohnungstür. Ich hatte die ganze Nacht durchgearbeitet, um eine Terminarbeit fertigzustellen, und war ein völliges Wrack – das Haar strähnig, die Augen blutunterlaufen, die Kleidung verknittert –, also keineswegs in der Verfassung, unter Leute zu gehen. Ich wollte mir auch nur rasch eine Kleinigkeit zum Essen holen, aber als ich die Wohnungstür öffnete, lief ich direkt meinen, wie ich vermutete, neuen Nachbarn in die Arme, die ich noch nicht kennengelernt hatte. Es war ein Paar, und sie hatten zwei große Hunde sowie ein Baby dabei.

Angesichts meines Zustandes hätte ich vermutlich »Entschuldigen Sie, ich habe mein Portemonnaie vergessen« sagen und auf dem Absatz kehrtmachen sollen. Statt dessen stürzte ich mich kopfüber in ein Gespräch, während wir vor dem Aufzug warteten.

»Guten Tag! Willkommen hier im Haus! Ach, Sie haben zwei Hunde … ich habe eine Katze … Wissen Sie, was Sie hier sehen, das bin eigentlich nicht ich. Ich war die ganze Nacht auf – wirklich die ganze Nacht, ehrlich … weil ich etwas fertigmachen mußte; ich bin Schriftstellerin, wissen Sie, ach so, nein, das wissen Sie natürlich nicht – also jedenfalls habe ich überhaupt nicht geschlafen …«. Ich merkte trotz meines verminderten Wahrnehmungsvermögens, daß das kein gelungener Anfang war. Ich machte keinen guten Eindruck. Aber irgendwie konnte ich nicht aufhören zu reden. Die ganze Familie (selbst die Hunde) starrte mich an. Der Aufzug kam. Wir drängten uns hinein, einschließlich Sportwagen und Hunden.

Ich mußte mich unbedingt zusammennehmen und versuchen, den schlechten ersten Eindruck, den ich gerade machte, zu korrigieren. Ich lächelte zu dem Kind hinab und nahm zu der einzigen todsicheren Methode Zuflucht, Eltern für sich einzunehmen. »Oh, das ist aber ein unglaublich niedliches Mädchen!« Herrje. Ich begriff sofort, die Chancen standen *fifty-fifty*, daß ich einen der verbreitetsten Fauxpas der Welt begangen hatte. Und tatsächlich.

»Es ist ein Junge«, sagte die Frau schmallippig. (Es verblüfft mich immer, wie unglaublich beleidigt Leute sind, wenn man sich im Geschlecht ihres glatzköpfigen Neugeborenen vertut.)

»Ach ja, natürlich, wie süß!« antwortete ich und versuchte verzweifelt, wieder auf die Füße zu kommen. Ich blickte nochmals auf das Kind hinunter, als sähe ich es zum erstenmal, und bemerkte einen großen, übel aussehenden Schorf auf seiner Stirn.

»Ooooh«, gurrte ich widerwärtig, »was hat denn das süße Putzilein an seinem Stirnchen für ein Aua?« Ich konnte nicht glauben, daß ich wirklich in Babysprache herumlallte. War ein böser Geist in mich gefahren? Dann sah ich, daß meine Nachbarn ausgesprochen eigenartig guckten, und etwas in mir wußte, daß der Grund dafür nicht nur diese dämliche Babysprache war.

»Es ist ein Feuermal«, sagte der Mann ruhig.

Herrje. Das war wirklich schlimm. Aber ich machte immer noch weiter, wie ein Zug, der außer Kontrolle geraten war.

»Na, vielleicht wird er ja eines Tages Präsident von Rußland!« sagte ich aufgeräumt. Es folgte eine furchtbare Stille, während der sich das Paar ansah. Dann lächelte die Frau gequält.

»Ja, vielleicht«, sagte sie.
Zum Glück öffneten sich die Türen, bevor ich noch mehr Porzellan zerschlagen konnte. Es war auch höchste Zeit, denn mit einer weiteren Minute hätte ich es wohl geschafft, auch die Hunde noch zu beleidigen. Ich floh aus dem Aufzug, als stünde er in Flammen. (Es gelang mir, meine Nachbarn mit der Strategie der nachträglichen Entschuldigung [siehe Seite 85] wieder zu versöhnen. Aber es war nicht einfach.)
Fauxpas in Aufzügen gehören natürlich zu dem Schlimmsten, was Ihnen passieren kann, da meist keine Zeit bleibt, den Schaden wiedergutzumachen. Ganz sicher sind nur wenige Fauxpas so schrecklich wie dieser (ein Mehrfach-Fauxpas *und* ein verpatzter Rettungsversuch), und die meisten sind viel einfacher auszubügeln. Und auch wenn Sie es nicht glauben: Manche gesellschaftlichen Fehltritte können sogar das Eis brechen oder unerwartete, erfreuliche Folgen haben. Aber welchen Fauxpas Sie auch begehen mögen, eins dürfen Sie nie vergessen: Wir alle machen Fauxpas. Es gehört zu unserer genetischen Grundausstattung. Einige Menschen neigen mehr dazu als andere (das hat etwas mit dem Stoffwechsel zu tun), aber niemand schafft es, alle Fauxpas zu umgehen, es sei denn, er (oder sie) bleibt hinter heruntergelassenen Rolläden allein zu Hause und geht nicht ans Telefon.
Bei der Vorbereitung zu diesem Buch habe ich Hunderte von Fauxpas-Geschichten gesammelt – Fauxpas in Flugzeugen, Zügen, Büros, öffentlichen Toiletten, Restaurants, Schlafzimmern, auf der Straße, beim Sport, am Strand, bei Partys, in der Warteschlange vor dem Kino, bei Einladungen zum Abendessen, bei Klassentreffen, Taufen, in Klas-

senzimmern, per Brief, auf Anrufbeantwortern, in Krankenhäusern, bei Hochzeiten, bei Beerdigungen und beim Teetrinken in der eigenen Küche. Niemand scheint immun, kein Ort sicher. (Nachdem Sie einige dieser Fauxpas gelesen haben, kommen Sie vielleicht zu der Erkenntnis, daß Sie sich sehr gewandt durch die Welt bewegen!)

Wir alle *wissen*, daß Irren menschlich ist, und doch fühlen sich die meisten, wenn sie einen Fauxpas begehen, wie ein Verbrecher im Suchscheinwerfer der Polizei. Viele schließen angesichts der ungeheuren Blamage die Augen, wie Kinder, die glauben, solange sie niemanden sehen, kann auch niemand sie sehen. Manche beten buchstäblich darum, sofort tot umfallen zu dürfen. (Anmerkungen: Trotz anderslautender Gerüchte ist noch niemand an der daraus resultierenden Scham gestorben. Ich habe gehört, daß jemand ein paar Tage unter schwerer Übelkeit litt, aber das war ein wirklich extremer Fall.) Manche zwicken sich nach einem Fauxpas selbst, in der Hoffnung, es sei nur ein Alptraum, aus dem sie gleich aufwachen werden. Wer viel mit Computern arbeitet, flüchtet sich in die Phantasie, jetzt einfach die Löschtaste zu drücken. Nach wirklich furchtbaren Patzern hatte ich auch schon den geistesgestörten Impuls, die ohrenbetäubende Stille, die entstanden war, mit lautem und durchdringendem Schreien zu füllen. Manche Fauxpas-Übeltäter fühlen sich so erniedrigt, daß es Tage, ja Wochen dauern kann, bis sie darüber hinwegkommen.

Es ist ganz unnötig, sich mit dieser panischen Angst selbst zu kasteien! Wenn Sie einige Richtlinien beherzigen und sich einige leicht anzuwendende Strategien und Techniken einprägen, können Sie viele Fauxpas vermeiden und zudem lernen, wie Sie – mehr oder weniger elegant – bei

99,99 Prozent der Fauxpas, die Ihnen doch noch unterlaufen, mit heiler Haut davonkommen. Und da die Angst vor einem Fauxpas oft dazu beiträgt, daß man ein Leben als Mauerblümchen führt, kann Ihr Leben durchaus eine drastische Wende hin zum Besseren nehmen, sobald Sie nicht mehr von Ängsten geplagt werden, ins Fettnäpfchen zu treten. Sie können sicher sein, daß Sie – was immer Sie angestellt haben mögen und wie peinlich die Situation danach auch ist – die Wogen wieder glätten können.
Das Fauxpas-Handbuch verrät Ihnen, wann die Gefahr eines Fettnapfes am größten ist, und gibt Ihnen leicht zu befolgende Regeln an die Hand, wie Sie ihn vermeiden können. Sie werden einige grundlegende Rettungsstrategien lernen, mit denen Sie alles überstehen, was Ihnen (in Sachen Fauxpas) zustoßen kann, und ich verrate Ihnen viele unterschiedliche, praxiserprobte Fauxpas-Rettungsanker – Sätze, Antworten, Kommentare und Scherze –, mit denen Sie auf einen von Ihnen begangenen Fauxpas reagieren können und die auf die spezielle Fauxpas-Situation zugeschnitten sind. Mit meinen Tips und Tricks – das Ergebnis sorgfältiger Forschung und schmerzlicher persönlicher Erfahrung – werden Sie mit jedem Fauxpas fertig, von schlichten Patzern, wenn Sie zwei Leute miteinander bekannt machen, bis zu ausgewachsenen Katastrophen, die Freundschaften gefährden können. Und Sie werden auch mit sehr schwierigen Situationen umzugehen lernen, wie sie nach verpatzten Versuchen, einen Fauxpas wieder auszubügeln, oder nach Mehrfach-Fauxpas entstehen.
Also lehnen Sie sich zurück, schließen Sie Ihren Sitzgurt, bereiten Sie sich darauf vor, Ihren schlimmsten Fauxpas-Ängsten die Stirn zu bieten – und sie für immer zu besiegen.

1.
Was ist ein Fauxpas?

Fauxpas, der [von franz. faux pas = Fehltritt, eigentl. = falscher Schritt]: *Versehen; Taktlosigkeit, Verstoß gegen allgemein geltende gesellschaftliche Umgangsformen.*

Fauxpas oder Nicht-Fauxpas – das ist hier die Frage

Einigkeit herrscht wohl darüber, daß Fauxpas peinlich und unerwünscht sind, daß man sie um jeden Preis vermeiden sollte, daß sie einen Abend ruinieren können, der nett anfing, und daß sie dem gesellschaftlichen Erfolg abträglich sein können. Aber was ist eigentlich ein Fauxpas, und warum sind Fauxpas so furchtbar peinlich? Brauchen wir wirklich Rat, wie wir über sie hinwegkommen? Wie wissen wir überhaupt, ob wir einen begangen haben?
Ich kenne einige wenige Glückliche, denen ein Fauxpas nichts auszumachen scheint – Menschen, die zumindest *den Eindruck erwecken*, als bemerkten sie ihre eigenen Fehler nicht. Nichts ist ihnen peinlich, und falls Sie versu-

chen, sie auf ihre Fehler hinzuweisen, zucken sie nur mit den Achseln oder lachen. (Diese seltenen Exemplare stehen entweder auf einer sehr hohen Stufe der spirituellen Entwicklung oder brauchen dringend einen Kurs in Umgangsformen.) Die meisten Menschen aber sind sich ihrer sozialen Schwächen nur allzu bewußt, sie bemerken ihren Fauxpas entweder im gleichen Moment, wenn er passiert, oder sie bemerken, daß *irgend etwas* schiefgelaufen ist – selbst wenn sie nicht sicher sind, was. Manche reagieren mit Verzögerung auf ihren Fauxpas; ich selbst habe mehr als einmal einen begangen und dann Minuten lang munter weitergeplaudert, wie eine Autofahrerin, die über einen Nagel gefahren ist und das erst bemerkt, wenn der Reifen schon platt ist. Falls es Ihnen schwerfällt, sich bei Ihren eigenen Fauxpas zu ertappen, sollten Sie auf äußere Anzeichen achten. Sie befinden sich mit hoher Wahrscheinlichkeit in einer Fauxpas-Situation, wenn

- ➔ die Umstehenden plötzlich aufhören zu reden.
- ➔ die Umstehenden ohne ersichtlichen Grund anfangen, von Ihnen abzurücken.
- ➔ Ihr Gesicht heiß wird, Ihr Herz zu schlagen aufhört oder Sie feststellen, daß Sie keine Luft mehr bekommen. (Warnung: Starke körperliche Anziehung löst ähnliche Symptome aus.)
- ➔ Ihr Gesprächspartner verstört wirkt.
- ➔ Ihr Gesprächspartner in Tränen ausbricht.
- ➔ Ihr Gesprächspartner Sie ohrfeigt oder auf Sie einschlägt.
- ➔ Ihre letzten Worte im Raum widerzuhallen oder wie ein Gasballon über Ihrem Kopf zu schweben scheinen.

➔ Sie plötzlich eine tiefe Sehnsucht nach Ihrer Mutter überfällt.

Ein Fauxpas – sei es, daß wir jemanden mit dem falschen Namen anreden, sei es, daß wir jemanden ins kalte Büfett geschubst haben – ist so furchtbar, weil wir damit ungeschriebene soziale Gesetze übertreten. Dieses fein gesponnene (und sich stets wandelnde) Geflecht aus Umgangsformen und Verhaltensregeln soll dafür sorgen, daß wir einander nicht verletzen; ihm ist es zu danken, daß wir relativ angenehm zusammenleben. Wir begreifen nur schwer, wie wichtig diese scheinbar banalen Regeln sind, bis wir eine übertreten und erleben, wieviel Verwirrung, Demütigung und/oder Scham das nach sich zieht.
Für viele Menschen sind solche Patzer ein so heikles Thema, daß sie sich an die meisten Fauxpas, die sie begangen haben, nicht mehr erinnern können. Das liegt zum Teil daran, daß das menschliche Gedächtnis eine gut funktionierende Maschine ist, die unter anderem dafür sorgt, daß wir uns emotional nicht übernehmen. Wir neigen dazu, unangenehme Erinnerung auszulöschen, das können ebenso die Schmerzen einer Geburt wie jenes Erlebnis sein, das eine junge Bekannte von mir vor kurzem hatte: Sie rief ihren Freund an, unterhielt sich mit ihm über ihr gemeinsames Sexualleben und merkte erst nach geraumer Zeit, daß am anderen Ende nicht ihr Freund, sondern dessen Vater war. (Fragt man sie heute danach, kann sie sich an die ganze Sache nur schemenhaft erinnern.) Es ist äußerst verräterisch, daß es weder im Deutschen noch im Englischen ein angemessenes Wort für diese Art gesellschaftlichen Fehlverhaltens gibt, und wir das schwerelo-

se, unverbindlich klingende französische *faux pas* benutzen, um den Schrecken des damit Bezeichneten zu mildern.

Sie mögen sich wegen eines Fauxpas schlecht fühlen, aber wenn Sie bedenken, zu welchen Vergehen Menschen fähig sind, ist er doch eine recht geringfügige Regelverletzung. Ein Fauxpas ist zwar mehr als ein reines Versehen, aber er ist viel weniger als ein Verbrechen. Das weite, trübe Areal der Fauxpas beginnt irgendwo hinter der Dusseligkeit, bei einem Sommergewitter den Regenschirm nicht mitzunehmen, und endet vor dem Stehlen einer Handtasche. Bevor wir uns der Frage zuwenden, wie wir ihn vermeiden oder wiedergutmachen können, müssen wir wissen, was überhaupt ein Fauxpas ist. (Sie wollen sich *nicht* wegen eines Nicht-Fauxpas mit Entschuldigungen oder anderen Arten der Schadensbegrenzung herumplagen.) Um ein waschechter Fauxpas zu sein, muß Ihre Handlung oder Ihre Äußerung folgende Kriterien erfüllen:

1. Es ist ein Fehler, den Sie hätten vermeiden können.
2. Es betrifft mindestens eine weitere Person (selbst wenn sie nur zugeschaut hat).
3. Es ist Ihnen in aller Regel peinlich, und manchmal würden Sie sich am liebsten in Luft auflösen.
4. Es ist häufig jemand anderem peinlich, und manchmal würde sich diese Person am liebsten in Luft auflösen.

Es gibt natürlich peinliche Momente, die *keine* Fauxpas sind, wenn Sie sich zum Beispiel überreden lassen, auf einer Party Ihre Jerry Lewis-Parodie zu machen und niemand lacht, oder wenn Sie feststellen müssen, daß Ihre Schwiegermutter Ihr Tagebuch gelesen hat. Überprüfen Sie Ihr Fauxpax-Know-how, indem Sie den folgenden Test machen: In welchen der folgenden Situationen geschieht Ihrer Meinung nach ein Fauxpas, in welchen nicht?

SCHNELLER FAUXPAS-TEST

1. Sie treffen beim Einkaufen eine alte Freundin und erkundigen sich nach deren Mann. Sie wirkt betroffen und sagt nach kurzer Pause: »Nun … er … er ist gestorben.« (Fauxpas oder nicht?)
Antwort: Dies ist zwar eine schreckliche Situation, aber kein Fauxpas, und zwar aus dem einfachen Grund, weil Sie vom Tod des Ehemannes nichts wußten. Drücken Sie Ihr Beileid aus, aber schämen Sie sich nie wegen etwas, das Sie nicht hätten verhindern können.

2. Sie besuchen in einer Kunstgalerie eine Vernissage. Der Bekannte, der Sie mitgenommen hat, ist ein Freund der Künstlerin, deren Bilder ausgestellt sind. Nachdem Sie in einigen Grüppchen gestanden und sich an Gesprächen beteiligt haben, unterhalten Sie sich wieder mit einer Frau, mit der Sie schon zuvor einige Worte gewechselt hatten. Niemand hat Sie miteinander bekannt gemacht, und als eine Pause im Gespräch entsteht, fragen Sie: »Sie sind auch Künstlerin?« Sie antwortet etwas kühl: »Das ist *meine* Ausstellung.« (Fauxpas oder nicht?)
Antwort: Das ist ein Fauxpas. Da Ihr Bekannter ein Freund der ausstellenden Künstlerin ist, hätten Sie versuchen müssen zu erfahren, wer der Anwesenden sie ist, und ihr vorgestellt zu werden. Ihr Bekannter hätte es sich zur Aufgabe machen müssen, dies zu tun, daher trägt er einen Teil der Schuld.

3. Sie besuchen die Lesung einer berühmten Schriftstellerin. Sie kennen sie, weil Sie drei Jahre zuvor ein Literaturseminar bei ihr belegt und außerdem mehrfach mit ihr über Ihre Examensarbeit gesprochen hatten. Nach der Lesung gehen Sie zu ihr, umarmen Sie und sagen freudestrahlend: »Guten Abend, meine Liebe. Wir haben uns wirklich viel zu lange nicht mehr gesehen!« (Fauxpas oder nicht?)
Antwort: Dieses Maß an Vertraulichkeit ist angesichts der Situation unangemessen, daher ist Ihre Begrüßung ein Fauxpas. Eine Freundschaft zu unterstellen, die nicht existiert, wird Sie bei der betreffenden Person nicht beliebt machen, sondern hat in aller Regel den umgekehrten Effekt. Es ist viel klüger, Sie irren sich in die andere Richtung und behandeln jemanden zu förmlich, als auf diese Weise Grenzen zu verletzen.

4. Jemand erwähnt ein Kinderbuch, von dem Sie gehört haben, und Sie sagen: »Ach, das ist eine so drollige Geschichte!« Als Sie sehen, daß alle Anwesenden Sie verblüfft anschauen, kommt Ihnen der Verdacht, daß etwas nicht stimmt. Wie sich herausstellt, drehte sich das Gespräch nicht um ein Kinderbuch, sondern um einen Film über den Vietnamkrieg – mit einem ähnlichen Titel. (Fauxpas oder nicht?)
Antwort: Das ist *nur dann* ein Fauxpas, wenn das Mißverständnis durch Ihre Unaufmerksamkeit zustande kam (mit anderen Worten, wenn Sie aufgrund des bisherigen Gesprächs hätten wissen müssen, daß es um einen Film geht) und nicht durch ein »echtes« Versehen (das heißt, wenn die Titel tatsächlich sehr ähnlich sind und die Unterhal-

tung bis zu diesem Punkt Ihrer Vermutung nicht widersprach, daß von einem Buch die Rede ist).

5. Sie hören sich mit einem Freund Musik an – es sind Aufnahmen jener Band, der er als Student angehörte. Er hat Ihnen gesagt, daß er in der Band Baß spielte, und Sie um Ihre ehrliche Meinung gebeten. Die Musik gefällt Ihnen – das sagen Sie auch –, Sie meinen aber hinzufügen zu müssen, daß Sie den Sänger schlecht finden (er klinge, wie Sie sagen, »weinerlich«), ohne zu ahnen, daß der Sänger niemand anderes ist als Ihr Freund. (Fauxpas oder nicht?)
Antwort: Hier sind Sie in die häufigste Fauxpas-Falle getappt – die der falschen Annahme. Sie haben fälschlicherweise angenommen, daß Ihr Freund, weil er Baß spielt, nicht auch der Sänger sein kann. (Sie haben auch angenommen, daß er Ihre ehrliche Meinung hören wollte. Das will kein Künstler, es sei denn, sie ist positiv.) Dieser Fauxpas hätte sich leicht vermeiden lassen, wenn Sie ein paar Fragen gestellt hätten, bevor Sie ein Urteil abgaben.

6. Sie treffen auf einer Party einen flüchtigen Bekannten. Er trägt einen Armani-Anzug, was für ihn ganz untypisch ist. Sie wollen ihm ein Kompliment machen und sagen völlig begeistert: »Du liebe Güte, Sie sehen heute abend phantastisch aus! So gut angezogen waren Sie noch nie!« (Fauxpas oder nicht?)
Antwort: Fauxpas. Das ist, was man gemeinhin als dubioses Kompliment bezeichnet: Was als Lob gedacht war, kommt als Beleidigung an. Der Mann im Armani-Anzug ist sich nun schmerzlich der Tatsache bewußt, daß Sie ihn bisher schlecht gekleidet fanden.

7. Sie sind im Aufzug und küssen Ihren Freund. Dies geschieht sehr leidenschaftlich, daher bemerken Sie nicht, daß der Aufzug anhält und die Türen aufgehen. Davor warten viele Leute, die nun Ihnen und Ihrem Freund beim Fummeln zusehen. (Fauxpas oder nicht?)
Antwort: Selbst auf die Gefahr hin, als prüde zu gelten: Für mich ist das absolut ein Fauxpas, auch wenn viele das anders sehen mögen. Die öffentliche Zurschaustellung von Leidenschaft (damit meine ich nicht beiläufige oder schnelle Küsse) verletzt nicht nur die psychische, sondern auch die physische Grenze anderer Menschen. Ein Aufzug ist ein enger Raum, den andere betreten müssen. Man darf von niemandem erwarten, eine zwei oder drei Quadratmeter große Kabine mit einem versunken knutschenden Paar zu teilen.

8. Sie sind auf einer Konferenz, es ist Kaffeepause. Der Raum ist sehr voll, und Sie haben sich gerade eine Tasse Kaffee eingeschenkt, als jemand Sie versehentlich anrempelt. Ihre Tasse kommt ins Rutschen, der heiße Kaffee schwappt auf die blütenweiße Bluse Ihrer Chefin. (Fauxpas oder nicht?)
Antwort: Das fühlt sich an wie ein Fauxpas und ist auch eine ausgesprochen unangenehme Situation. Aber das Mißgeschick war nicht Ihre Schuld, und Schuld gehört unbedingt zu einem echten Fauxpas. In dieser Situation sollten Sie sich etwa so verhalten, als seien Sie beide von einem Auto angefahren worden und Ihre Chefin sei verletzt, Sie aber nicht. Die angemessene Reaktion ist, Ihr Bedauern auszudrücken, zu erklären, daß Sie geschubst wurden, und ihr anzubieten, beim Entfernen der Flecken zu helfen.

9. Sie verschicken Einladungen zu einem Fest, darunter auch an mehrere Freunde, die im gleichen Haus wohnen. Da Sie sich nicht an alle Nachnamen erinnern, adressieren Sie die Einladung an die Hausbewohnerin, die Sie am besten kennen, und gehen davon aus, daß sie es den anderen sagen wird. (Fauxpas oder nicht?)
Antwort: Das ist ein gutes Beispiel für einen Fauxpas per Post. Sie setzen die anderen herab, indem Sie sie nicht in Ihre Einladung einschließen. Machen Sie sich die kleine Mühe, bei Ihrer Freundin die Namen ihrer Mitbewohner in Erfahrung zu bringen. Und achten Sie darauf, die Namen richtig zu schreiben.

10. Ein Mann, den Sie nicht besonders mögen, lädt Sie zum Abendessen ein. Sie möchten ihn nicht kränken und sagen daher, Sie könnten nicht mit ihm ausgehen, weil Sie sich nicht wohl fühlen. Am gleichen Abend gehen Sie spontan mit einer Freundin ins Kino, an der Kasse treffen Sie den Mann, mit dem Sie nicht ausgehen wollten. (Fauxpas oder nicht?)
Antwort: Das ist ein ausgesprochen gravierender Fauxpas, weil Sie beim Lügen ertappt wurden *und* obendrein jemanden tief gekränkt haben. Es wäre besser gewesen zu sagen, daß Sie etwas anderes vorhaben. Schützen Sie niemals Krankheit vor, wenn Sie nicht gewillt sind, sich entsprechend zu verhalten.

Als ich für dieses Buch Interviews machte, sagte ein übereifriger Gesprächspartner: »Es gibt einen Fauxpas, den Sie unbedingt erwähnen müssen. Ich meine diese furchtbaren Menschen, die Pralinen essen und dann das zerknüllte Papier in die Schachtel zurücklegen.« Dies mag in manchen Kreisen als betrüblicher Fauxpas gelten, ist aber lediglich eine Verletzung von Anstandsregeln, die Sie beachten oder nicht, je nachdem, wie Sie erzogen wurden und wieviel Wert Sie auf ausgesuchte Umgangsformen legen. Es ist aber keineswegs so wichtig, daß man viel Aufhebens darum machen müßte. Seien wir ehrlich: Der Gedanke an dieses zerknüllte Papier wird Ihnen nicht den Schlaf rauben.

Das heißt nicht, daß Umgangsformen unwichtig wären. Sie sind für den geschmeidigen Ablauf des sozialen Lebens unabdingbar und für die meisten Menschen eine große Beruhigung. Sie helfen uns, unsere Angst vor Chaos in Schach zu halten. Aber es ist nicht Sinn und Zweck dieses Buches, sich mit komplizierten Fragen der Tischmanieren, Kleidungsetikette oder der korrekten Anrede zu befassen. Zum einen ändern sich viele Anstandsregeln – die das Leben leichter und angenehmer, nicht enger und stickiger machen sollen –, um modernen Lebensweisen gerecht zu werden. (So wird heute kaum erwartet, daß jemand, der zum Essen einlädt, für jeden Gang ein spezielles Silberbesteck besitzt.) Außerdem gibt es zu diesem Thema viele nützliche Bücher, die von gründlichen und wohlmeinenden Experten verfaßt wurden.

Die meisten werden mir recht geben, wenn ich sage, daß es auf dem beunruhigend ungewissen Terrain sozialer Interaktion Probleme gibt, die viel einschüchternder und schwieriger sind – Momente, wenn Sie sich ernstlich und offensichtlich in die Klemme manövriert haben, wenn Sie ohne Zweifel die Regeln akzeptablen Benehmens verletzt haben, wenn Sie (und andere) sicher wissen, daß Sie etwas niemals hätten sagen oder tun dürfen. Sie wissen es instinktiv, augenblicklich. Sie stehen da, in Ihrem Kopf tobt Panik, in Ihrer Seele Schuldgefühl. Wahre Fauxpas haben selten etwas mit Form zu tun, sie betreffen den Inhalt. Mit anderen Worten, wir sprechen nicht über eine triviale Ungeschicklichkeit wie die, daß Sie Ihre Fingerschale nicht richtig benutzen. (Sollten Sie allerdings in der Annahme, es sei Fleischbrühe, aus Ihrer Fingerschale trinken, haben Sie einen eindeutigen Fauxpas begangen.) Ob etwas ein Fauxpas ist oder nicht, hat viel mit Ihrer eigenen Peinlichkeitsgrenze zu tun, und die ist in hohem Maße subjektiv: Sie und alle Anwesenden entscheiden im Bruchteil einer Sekunde, ob ein Fauxpas passiert ist oder nicht.

Ein echter Fauxpas ist unerwartet und schrecklich, er schreit nach Techniken der Ehrenrettung und der Schadensbegrenzung. Sie brauchen die Fauxpas-Rettungstechniken und die Rettungsanker dieses Buches nicht, wenn Sie auf die Höflichkeitsfloskel »Wie nett, Sie zu sehen« verzichten. Sie brauchen sie allerdings dringend, wenn Sie »Wie nett, Sie zu sehen« sagen wollten, und es Ihnen aus irgendwelchen Gründen als »Wie nett, daß Sie gehen« über die Lippen kommt.

Ein Fauxpas kann an vielen Orten und unter vielen Umständen vorkommen, aber es gibt nur fünf grundlegende Kategorien von Fauxpas, die Sie begehen können. Keine Angst, man stirbt an keiner!

1. Erwischt werden. Zu dieser Art Fauxpas gehören Momente, wenn auffliegt, daß Sie über eine Sache oder eine Person Lügen erzählt haben; wenn jemand zufällig hört, wie Sie etwas sagen, das Sie nicht sagen sollten; wenn Sie beim Weitererzählen eines Geheimnisses erwischt werden, das Sie strikt für sich behalten sollten; oder wenn herauskommt, daß Sie etwas oder jemanden nicht kennen, obwohl Sie das behauptet haben. Bei dieser Art von Fauxpas ist das Gefühl von Peinlichkeit und Blamage meist sehr ausgeprägt.

2. Gehässig sein. Jemanden *unbeabsichtigt* zu kränken ist eine klassische Fauxpas-Situation. (Anmerkung: Tun Sie es absichtlich, ist das kein Fauxpas, sondern eine Beleidigung.) Dazu gehören gedankenlose Bemerkungen ebenso wie Komplimente, die schieflaufen. Das ist jene Art Fauxpas, der allgemein als »in den Fettnapf treten« bezeichnet wird.

3. Sich unangemessen verhalten. Wenn Sie peinliche Fragen stellen oder unangemessene Bemerkungen machen, fluchen oder geschmacklose Themen anschneiden, dann begehen Sie diese Art Fauxpas. Auch unpassendes Benehmen (wie ein allzu familiärer Umgangston) gehört in diese

Kategorie. Diese dritte Art umfaßt auch die meisten »nicht-verbalen« Fauxpas – anzügliches Benehmen, Ungeschicklichkeit, Schludrigkeit, Trunkenheit und dergleichen.

4. Der Fauxpas der Unterlassung. Hier geht es um jene sozialen Situationen, in denen Sie sich eine Unterlassung zuschulden kommen lassen, es beispielsweise ganz offensichtlich versäumen, jemanden vorzustellen, oder alle Angehörigen einer Clique zu einem Fest einladen und dabei eine Person übersehen.

5. Etwas tun oder sagen, das schlicht und einfach dumm ist. Dies beschreibt den Fauxpas, wenn herauskommt, daß Sie etwas nicht wissen, was Sie wissen sollten. Hier geht es nur um etwas, *das Sie in dieser konkreten Situation unbedingt wissen müßten*. Ein solcher Fauxpas geschieht, wenn Sie jemanden mit dem falschen Namen ansprechen oder völlig mißverstehen, worum sich ein Gespräch dreht. Dazu gehören auch jene bizarren Gelegenheiten, bei denen Ihr Mund Ihnen nicht zu gehorchen scheint und Sie sich Dinge sagen hören, die Sie gar nicht sagen wollten.

Verwirrungen zwischen Kulturen

Vor einigen Jahren trat ein befreundeter Arzt eine Krankenhausstelle auf Samoa an. (Um seinen Ruf zu schützen, werde ich ihn »Dr. C.« nennen.) An seinem ersten Arbeitstag im Krankenhaus kam ein Mann zu ihm, der über furchtbare Magenschmerzen klagte. Dr. C. wollte sich in seiner neuen kulturellen Umgebung umsichtig verhalten und hatte sich daher vor seiner Abreise bemüht, über Samoa so viel wie möglich zu lernen. Er hatte gelesen, daß viele Samoaner Geistheiler aufsuchten und das samoanische Wort für Geistheiler *fau-fau* sei. Dr. C. untersuchte also seinen Patienten und fragte ihn, ob er es schon mit dem *fau-fau* (das er *fu-fu* aussprach) versucht habe, bevor er ins Krankenhaus gekommen sei. Dr. C. war höchst erstaunt, als der Mann tiefrot wurde, zu Boden schaute und den Kopf schüttelte. Eine Krankenschwester, die das mit angehört hatte, beugte sich zu Dr. C. hin und sagte verlegen lächelnd: »Doktor, das Wort für Geistheiler wird *fo-fo* ausgesprochen, nicht *fu-fu. Fu-fu* bedeutet masturbieren.«

Ein solcher Patzer bringt den Betreffenden unweigerlich völlig aus der Fassung (ich vermute, Dr. C. errötete stärker als sein Patient); aber Fehler, die aus Unterschieden in Kulturen oder Sprachen resultieren, sind völlig entschuldbar und daher von allen Fauxpas-Regeln und Forderungen nach Wiedergutmachung ausgenommen. Verwirrungen zwischen Kulturen sind häufig einfach unvermeidbar, dazu gehören Sprachfehler ebenso wie Fehler in Gestik oder Handlung. Die Möglichkeiten für interkulturelle Mißverständnisse sind so zahlreich, daß man Bücher damit füllen könnte – so benehmen Sie sich in Saudi-Arabien wirklich schlecht, wenn Sie mit der linken Hand essen, in Mexiko, wenn Sie Zeigefinger und Daumen zum Ring schließen, um damit jemanden oder etwas zu loben, und in Indien, wenn Sie Ihre Fußsohlen sehen lassen. Solche Irrtümer sind sehr unangenehm, aber sobald sie aufgeklärt sind, können sie

durchaus zu einem besseren Verständnis zwischen den Kulturen beitragen.
Sie verringern die Wahrscheinlichkeit, im Ausland gegen die dortigen Sitten zu verstoßen, wenn Sie sich intensiv mit der Sprache und der Kultur des Landes befassen, in das Sie reisen wollen, und sich im Land aufmerksam und äußerst vorsichtig verhalten. Im Ausland kann Sie Ihr Gefühl dafür trügen, ob Sie einen Fehler begangen haben. Sie müssen genau auf Anzeichen achten, ob Sie jemanden beleidigt oder bloßgestellt haben (das könnten auch Sie selbst sein). Es ist auch keine schlechte Idee, in der Landessprache eine Entschuldigung zu beherrschen, ich denke an Sätze wie »Ich bin noch nicht sehr lange in Ihrem Land« oder »Das tut mir sehr leid, ich bin nur ein unwissender Tourist«.

Die Angst vor einem Fauxpas ist Gift für Ihr soziales Leben

Es gibt eine weit verbreitete soziale Krankheit, die ich als panische Angst beschreiben würde, Fremde anzusprechen. Daneben existiert eine verwandte Störung, die ebenso hinderlich ist und ebenso viele Leute befällt: *Fauxpas-Angst*. Wie die Angst vor einem Gespräch mit Fremden, beeinträchtigt auch die Angst vor einem Fauxpas unseren Umgang mit und unseren Erfolg bei anderen, unser psychisches Wohlbefinden sowie (und das ist das Wichtigste) unsere Lebensfreude. Die Hemmungen der meisten Menschen sind auf diese tief sitzende »Fehlerpanik« zurückzuführen – die Angst, eine Situation zu vermasseln, ungeschickt oder dumm zu wirken, andere unsere Schwächen sehen zu lassen oder jemanden zu verletzen. Die soziale Scheu, die aus dieser Fauxpas-Angst folgt, kann sich sehr nachteilig auf Ihr Leben auswirken. Wenn Sie Ihre Fauxpas-Angst nicht gezielt bekämpfen, kann sie Ihre sozialen Fähigkeiten dermaßen ein- und beschränken, daß Sie schüchtern, reserviert und gehemmt wirken – oder (was noch schlimmer wäre) langweilig.

Wie ziehen wir uns diese Fauxpas-Angst überhaupt zu? Ganz einfach: Wir erinnern uns an frühere Fauxpas, sei es, daß wir sie selbst begangen, sei es, daß wir sie miterlebt haben. Bewußt oder unbewußt erinnern wir uns an den emotionalen Schmerz – die Scham, das Gefühl von Unzulänglichkeit –, der mit früheren Fauxpas einherging. Diese Erinnerungen gehören zu dem psychischen Gepäck, mit dem wir in jede soziale Situation hineingehen. Unsere Furcht vor einem Fauxpas basiert auf der direkten, unmittelbaren Erfahrung, wie man sich dabei fühlt.

Ich kenne eine Frau, die durch einen Fauxpas in ihrer Kindheit (sie machte eine überaus gehässige Bemerkung über eine unbeliebte Klassenkameradin und merkte nicht, daß diese es hörte) so traumatisiert ist, daß es ihr Verhalten bis zum heutigen Tag überschattet. Wenn sie in der Öffentlichkeit über jemanden spricht, der oder die nicht anwesend ist – selbst wenn das, was sie sagt, nicht im entferntesten negativ ist –, senkt sie die Stimme zu einem Flüstern, bis ihre Zuhörer sie bitten, lauter zu sprechen. Allein der Gedanke, jemand könne sie belauschen, läßt sie erstarren.

Viele Menschen fühlen sich auf die eine oder andere Weise durch Fauxpas-Angst behindert. Einige haben mir erzählt, aus Angst, jemandem zu nahe zu treten, mieden sie häufig selbst Gesprächsthemen, die sie sehr interessieren, wenn sie auch nur eine Idee zu persönlich, zu heikel oder problematisch sein könnten. Welch ein Jammer! Denn die größte Tragik der Fauxpas-Angst ist, daß ein Leben in ständiger Furcht vor möglichen Fehlern häufig dazu führt, daß Sie von den schönsten Stücken jenes »Konversationskuchens«, den Ihr jeweiliges Gegenüber zu bieten hat, nichts abbekommen.

Daher ist es für Ihr soziales Leben wichtig, daß Sie lernen, einen Fauxpas mit heiler Haut zu überstehen. Finden Sie sich damit ab: Sie werden *mit Sicherheit* einige Fauxpas begehen, es sei denn, Sie schließen sich allein zu Hause ein und melden Ihr Telefon ab. Aber wenn Sie Ihr persönliches ›Erste-Hilfe-Köfferchen für Fauxpas‹ gepackt und somit einige Tricks in der Hinterhand haben, werden Sie in der Öffentlichkeit viel unbeschwerter auftreten und schwierige Situationen weniger fürchten, weil Sie wissen, wie Sie sich auch aus einer prekären Lage retten können.

2.
Wie Sie Fauxpas vermeiden

Sie sollten natürlich keinesfalls zulassen, daß die Angst vor einem Fauxpas Ihr Leben beherrscht. Zudem lassen sich viele Fauxpas vermeiden – und zwar ohne daß Sie dafür scheu und stumm in der Ecke stehen müßten. Sie müssen lediglich einige Grundregeln befolgen, Sie müssen lernen, sich in heiklen Situationen klug zu verhalten und die gängigsten Fauxpas-Fallen zu meiden.

Warnsignale: Erkennen Sie Ihre Fauxpas-Gefahrenzone

Ich habe in meinem Leben so viele Fauxpas begangen, daß ich inzwischen ein ziemlich gutes Frühwarnsystem habe: Ich weiß, bei welchen Gelegenheiten ich dazu neige, mich zum Narren zu machen. (Bedauerlicherweise ignoriere ich diese Alarmglocken allzuoft.) Es ist schon vorgekommen, daß ich mich zu der Person neben mir gewandt und gesagt habe: »Ich spüre förmlich, daß ich heute abend ein paar Fauxpas begehen werde.« Eine solche Vorahnung könnte einige Menschen entsetzen; doch da ich über eine Vielzahl von Fauxpas-Rettungstechniken verfüge, ist meine Fauxpas-Angst nicht mehr sehr ausgeprägt, und die erhöhte Wahrscheinlichkeit, im Fettnäpfchen zu landen, beunruhigt mich daher in aller Regel nur wenig.

Mein Fauxpas-Frühwarnsystem hat nichts mit meiner Umgebung zu tun, sondern mit meiner seelischen und emotionalen Verfassung. Naheliegenderweise passieren die meisten Patzer, wenn wir nervös, müde, gestreßt, beschwipst, abgelenkt, zerstreut, wütend, erregt, bedrängt oder aus anderen Gründen überfordert oder unkonzentriert sind. (Das alles zusammen beschreibt praktisch alle wachen Augenblicke meines Tages!) Das sind die Zeiten, wenn Ihre Zunge Ihnen nicht gehorcht, Ihre Beine nicht richtig funktionieren und Ihr Denken völlig aus den Fugen gerät. Die traurige Wahrheit ist, daß Fauxpas gehäuft in Situationen passieren, in denen man sie sich wirklich *gar nicht* leisten kann, beispielsweise beim ersten Rendezvous mit einem vielversprechenden Mann, bei einem Vorstellungsgespräch oder wenn Ihr Freund Sie seiner Familie vorstellt.

Wenn Sie erreichen möchten, Fauxpas zu umgehen, müssen Sie lernen, in solch hochanfälligen Situationen sehr vorsichtig zu sein. So, wie wohl alle größte Vorsicht an den Tag legen würden, wenn sie das erste Mal auf zwölf Zentimeter hohen Stöckelabsätzen laufen müßten, sollten Sie mit größter Vorsicht in eine soziale Situation gehen, von der Sie schon vorher wissen, daß Sie nicht »in Ihrem Element« sein werden. Sie können dennoch an allen Treffen und Unternehmungen teilnehmen, Sie sollten nur mehr als sonst darauf achten, was Sie tun oder sagen. Vielleicht wäre es ratsam, bestimmte Themen ganz zu meiden, je

nachdem, wie unsicher Sie sich fühlen. Auch bei Fauxpas sind Menschen verschieden: Manche machen nach zwei Glas Wein mehr, manche weniger Fauxpas. Wenn Sie Ihre eigenen Fauxpas-Minenfelder kennen, werden Sie sich eine Menge sozialer Katastrophen ersparen.
Aber vergessen Sie nicht: Vorsichtig sein heißt nicht, ängstlich sein. Es heißt nur, daß Sie genauer wissen, in welchen Situationen Sie besonders zu Fauxpas neigen. Sollte sich herausstellen, daß Sie mit Vorliebe in den Fettnapf treten, wenn Sie Scotch trinken, wäre es vielleicht klug, zu Weinschorle überzugehen.

Die vier Anti-Fauxpas-Regeln

Bevor wir uns der Frage widmen, wie wir die üblichsten Fauxpas umgehen können, gibt es einige wichtige Regeln, die Sie immer und bei jeder Kommunikation – ob persönlich, brieflich oder telefonisch – beherzigen sollten. Diese Regeln mögen geradezu banal klingen, aber glauben Sie mir, sie werden Ihnen sehr nützen. Viele blamable Situationen können gar nicht erst entstehen, solange Sie sich strikt an die folgenden vier Anti-Fauxpas-Regeln halten.

---

1. Verlassen Sie sich niemals auf Vermutungen.
(Das ist nicht nur für den Umgang mit anderen, sondern für jede Lebenslage ein kluger Rat.)
2. Denken Sie nach, bevor Sie etwas sagen.
(Denken Sie vor allem darüber nach, welche Beziehungen

es zwischen Ihrem Gesprächs- oder Briefpartner und dem geben könnte, was Sie gerade äußern wollen.)

3. Seien Sie sich immer darüber im klaren, wer Sie hören kann.

(Aber schauen Sie sich nicht auffällig nach allen Richtungen um; das könnte den Eindruck erwecken, Sie litten unter Verfolgungswahn.)

4. Gestehen Sie im Zweifelsfall ein, daß Sie etwas nicht wissen.

(Es ist viel klüger, Sie *sagen*, daß Sie nicht wissen, worum es geht, als zu *demonstrieren*, daß Sie es nicht wissen.)

....

Es wird vermutlich einiger Übung bedürfen, bis Sie diese Regeln im Umgang mit anderen ganz automatisch befolgen, aber die Anzahl begangener Fauxpas wird sich selbst dann drastisch verringern, wenn Sie nur bei jeder zweiten Unterhaltung daran denken.

Sollte es Ihnen schwerfallen, die vier Ziele im Auge zu behalten *und gleichzeitig* ein Gespräch zu führen, könnten Sie sie nacheinander üben (auch wenn sie ineinandergreifen). Sie könnten also versuchen, an einem Abend *keine Vermutungen* anzustellen, und sich für einen anderen Abend eine andere Regel vornehmen.

Wenn Sie sich an diese vier Regeln halten, werden Sie viele Fauxpas umschiffen, aber es gibt einige häufige Fauxpas, vor denen ich Sie besonders warnen möchte. Uns allen ist ein solcher Ausrutscher schon mindestens einmal passiert, und angesichts der Tiefe des Fettnäpfchens, in das man dadurch gerät, ist einmal im Leben auch völlig ausreichend.

Falsche Annahmen über Verwandtschaftsverhältnisse

Stellen Sie sich folgendes vor: Sie kommen zu einer Party. Sie sehen einen Mann, den Sie kennen, neben ihm steht eine Frau, die Sie nicht kennen – sie dürfte kaum halb so alt sein wie er. Sie gehen zu den beiden hin, stellen sich der Frau vor und sagen: »Sie sind sicher [der Name des Mannes]s Tochter.« Es stellt sich natürlich heraus, daß sie (wie sie Ihnen etwas unterkühlt mitteilt) nicht seine Tochter, sondern seine Frau ist.

Dieser klassische Fauxpas hat viele Variationen. Vor kurzem war ein Freund von mir bei einer Kollegin eingeladen. Im Laufe des Abends zeigte sie ihm einige Familienfotos. Bei einem Foto deutete mein Freund auf einen jungen Mann und fragte: »Ist das Ihr Sohn?« und die Kollegin antwortete: »Nein, das ist mein Bruder.« (Die Frage implizierte natürlich, daß die Gastgeberin nach Ansicht meines Freundes alt genug aussah, um die Mutter dieses Mannes zu sein.)

Eine meiner Tanten – die sehr auf gute Umgangsformen achtet – besuchte eine Party von Dr. H., ihrem Vorgesetzten. Zu gegebener Zeit ging sie zu Dr. H. und seiner Frau hin-

über, die neben ihm am Büfett stand und den Kuchen aufschnitt.
»Alles schmeckt wunderbar, Frau H.«, sagte meine Tante. »Ich danke Ihnen vielmals für die Einladung.«
»Ich freue mich, daß Sie kommen konnten«, antwortete die angesprochene Dame, »aber ich bin nicht Frau H., ich bin ihre Schwägerin.« Das war meiner Tante sehr unangenehm, da sie Frau H. schon ein- oder zweimal getroffen hatte, was Dr. H. – der daneben stand und es gehört hatte – wußte.
Eine extreme Form von Verwandtschaftszuschreibung unterlief meinem Freund David bei seinem zehnjährigen Abiturstreffen. (Klassentreffen sind übrigens ein wahres Fauxpas-Minenfeld. Alles ist so vertraut und doch so ganz anders.) Er stand mit Freunden zusammen, und man unterhielt sich. Ronny, mit dem er früher einmal gut befreundet gewesen war, stellte ihm seine Frau vor. David sagte: »Wir haben uns schon beim Fünfjährigen kennengelernt.« Ein Ruck schien durch die Umstehenden zu gehen.
»Nein, das glaube ich nicht«, sagte Ronny.
»Aber ja doch, ich bin ganz sicher«, sagte David sehr bestimmt und bemerkte nicht, daß die Luft um ihn herum dichter wurde.
»Nein, bestimmt nicht«, sagte Ronny gelassen. »Das war meine erste Frau.« (David sagte, darauf sei ihm nichts Klügeres eingefallen als »Ah«.)
Ob Sie jemandes homosexuellen Liebhaber für seinen Vater halten oder das Dienstmädchen Ihrer Gastgeberin für deren Tochter, solche Versehen sind furchtbar. Wer hätte diese soziale Sünde noch nicht begangen – dabei gehört sie zu den Fehlern, die sich leicht vermeiden ließen, wenn wir

uns nur an die erste Anti-Fauxpas-Regel hielten: *Verlassen Sie sich niemals auf Vermutungen!*
Weit mehr als die Hälfte aller Fauxpas geschehen, weil jemand unzutreffende Vermutungen über etwas anstellt. Das dringende Bedürfnis, Vermutungen anzustellen, ist die Folge unseres verständlichen Wunsches, recht zu haben, clever zu erscheinen, Bescheid zu wissen. Die meisten Menschen finden es furchtbar, wenn sie unrecht haben. Ihr Selbstbild verlangt von ihnen geradezu, daß sie etwas über ihre Mitmenschen oder ihre Umgebung wissen. Wenn wir Vermutungen anstellen, fühlen wir uns sicher, weil wir meinen, wir hätten alles unter Kontrolle.
Haben Sie keine Angst einzugestehen, daß Sie etwas nicht wissen. (Siehe auch die vierte Anti-Fauxpas-Regel auf Seite 39.) Es ist wichtig und realitätsnah, Fragen zu stellen, wenn Sie mit Menschen zusammen sind. Machen Sie die folgende Übung: Fragen Sie sich, bevor Sie den Mund öffnen, um etwas zu sagen: »Will ich jetzt etwas darüber sagen, in welcher Beziehung dieser Mensch zu einem anderen steht?« In diesem Fall sollten Sie sicher sein, daß Ihre Aussage der Wahrheit entspricht, sonst ist es klüger, Sie wandeln sie in eine Frage oder eine vage Feststellung um: »Woher kennen *Sie* Martin?« oder »Würde mich bitte jemand mit dieser netten jungen Dame bekannt machen?« Ich rate Ihnen dringend, die gefährliche Satzkonstruktion: »Sie müssen … sein« völlig aus Ihrem Sprachgebrauch zu streichen.
Unter bestimmten Umständen könnten Sie eine ausgesprochen elegante (wenn auch etwas überzogene) Alternative in Betracht ziehen, um diese Art von Fauxpas zu vermeiden, und sich die Japaner als Vorbild nehmen. Die

Japaner haben eine regelrechte Phobie vor Fauxpas und tun daher alles nur Denkbare, damit ihnen weder ein Fauxpas aufgrund falscher Verwandtschaftszuschreibungen noch ein anderer Fauxpas passiert. Daran erinnerte ich mich, als ich die wunderbare Geschichte von einem Herrn Schmitt hörte, der in den fünfziger Jahren mit seiner Frau und seiner Mutter Japan bereiste. Wenn er mit den beiden »Frau Schmitt« in einem Hotel ankam, stellte ihm fast jeder Portier höflich die Frage: »Herr Schmitt, welches der Zimmer ist für Ihr Fräulein Tochter?« Der Trick ist brillant: Indem der Portier sich absichtlich eine Generation nach unten vertat, konnte er nicht nur sicher sein, niemanden zu beleidigen, er konnte sogar allen Beteiligten schmeicheln.

Eine letzte Bemerkung: Es kann nicht schaden, diskret einige Erkundigungen einzuholen, bevor Sie jemanden begrüßen, von dem Sie vermuten, daß Sie ihn oder sie kennen sollten – vor allem, falls Sie glauben, diese Person schon einmal getroffen zu haben. Wenn Sie einiges über eine Person wissen, bevor Sie mit ihm oder ihr sprechen, können Sie Familienverhältnis-Fauxpas meiden und zudem Ihr Unwissen vertuschen. Aber wählen Sie Ihren Informanten klug und hüten Sie sich vor allem vor Witzbolden, die es amüsant finden, Sie glauben zu machen, die Mutter Ihrer Gastgeberin sei deren Innenarchitektin.

Bauchlandungen: Schwangerschafts-Fauxpas

Ich übertreibe wohl nicht, wenn ich sage, daß es eine Sorte Fauxpas gibt, die so furchtbar sind, daß der Übeltäter sofort taube Hände und Füße bekommt, weil alles Blut ins Gesicht schießt. Ich meine die unsägliche Situation, sich

bei einer nicht-schwangeren Frau nach ihrer Schwangerschaft zu erkundigen.
Angesichts der extremen Peinlichkeit dieses Fauxpas erstaunt es mich, wie viele Menschen ihn dennoch begehen. Schwangerschafts-Fauxpas gehören vermutlich zu den zwei oder drei häufigsten Fauxpas – sicher ist, daß sie zu denen gehören, die sich am tiefsten ins Gedächtnis einprägen. Fast alle, die ich interviewte, konnten sich an einen erinnern. Ich habe diesen Fauxpas selbst begangen und bin auch Gegenstand dieses Fauxpas gewesen – das Maß an Peinlichkeit ist auf beiden Seiten des Irrtums hoch. Die Gründe für Ihre Schwangerschafts-Vermutung mögen auf Überlegungen beruhen, die gar nichts mit dem Aussehen der betreffenden Person zu tun haben – aber das Katastrophale an diesem Fehler ist, daß Sie damit immer und unweigerlich etwas Negatives über die Figur dieser Frau sagen. Das Szenario für diesen Alptraum entwickelt sich meist etwa wie folgt:
Sie begrüßen eine Frau, deren Bauch vorsteht und/oder die etwas Weitgeschnittenes trägt, und Sie fragen: »Wann kommt das Kindchen denn?« Das löst – vorausgesetzt natürlich, sie ist nicht tatsächlich in anderen Umständen – in aller Regel entsetzte Stille aus. (Ich glaube, in einem solchen Moment entstand das Wort »unheilschwanger«.) Dann wird die so Beleidigte aus einem breiten Spektrum möglicher Antworten eine auswählen, die von einem sehr freundlichen »Ach, das liegt an dem Kleid, alle denken das« bis zu einem eisigen und vernichtenden »Ich muß doch sehr bitten!« reichen kann. Häufig ist die Frau derart entsetzt, daß sie fortgeht, ohne überhaupt noch viel zu sagen.

Bitte hören Sie auf mich, damit Ihnen dergleichen nie mehr passiert: Es gibt eine unverrückbare, beinharte Regel ohne jede Ausnahme, die Sie vor weiteren sozialen Kamikaze-Aktionen dieser Art bewahren wird. Im Grunde müssen Sie nichts anderes tun, als die erste Anti-Fauxpas-Regel zu beherzigen: Äußern Sie keine Vermutungen. Wenn Sie mit einer Frau sprechen, die aussieht, als sei sie schwanger, *erkundigen Sie sich nie und unter gar keinen Umständen nach der Schwangerschaft, bevor nicht sie selbst oder jemand anderes davon spricht.* Halten Sie sich daran, denn es ist äußerst schwierig, diesen Fauxpas wieder auszumerzen.

Sie werden es natürlich etwas eigenartig finden, dieses Thema nicht anzuschneiden, wenn die Frau so kugelrund ist, daß ihr Bauch praktisch an Ihre Kanapees stößt, aber Sie können etwas Unverfängliches wie »Wie geht es Ihnen denn?« sagen, das elegant zum Thema überleiten könnte, Ihnen aber viele andere Wege offenläßt. Auch »Sie sehen wirklich großartig aus!« ist sicher, weil es sich nicht *zwingend* auf eine Schwangerschaft bezieht. Fragen Sie niemals direkt: »Sind Sie schwanger?« oder »Wann ist denn der Termin?« Hier ist eine Nachfrage nicht besser als eine geäußerte Vermutung. Sollte die Frau nicht schwanger sein, bedeutet Ihre Frage immer noch: *Sie sind so dick, man könnte meinen, Sie seien schwanger.*

Üben Sie Selbstdisziplin und beherzigen Sie diese Regel in allen »fruchtbaren« Situationen. Es mag Ihnen eigenartig vorkommen, etwas nicht zu erwähnen, das so offensichtlich scheint, aber glauben Sie mir, Selbstkontrolle ist das einzig Richtige. Mir selbst ist sie zur zweiten Natur geworden und hat mich bei unzähligen Gelegenheiten vor schlimmen Patzern bewahrt. So traf ich erst kürzlich eine

Bekannte, von der eine gemeinsame Freundin behauptet hatte, sie sei schwanger, und sie sah tatsächlich so aus. Doch da ich es mir zur Gewohnheit gemacht habe, verkniff ich mir die naheliegende, fast zwingend erscheinende Frage: »Wann ist es denn soweit?« Zum Glück – im Verlauf unserer Unterhaltung erfuhr ich, daß das Kind bereits vor einigen Wochen zur Welt gekommen war!
Eine nicht-schwangere Frau für schwanger zu halten, ist schlimm genug, aber es ist nicht der einzige Schwangerschafts-Fauxpas. Hier einige andere heikle Punkte, die Sie in diesem Zusammenhang vermeiden sollten:

Empfängnis: Eigenartigerweise finden viele Menschen gar nichts dabei, eine Schwangere zu fragen, ob das Baby ein »Wunschkind« oder ein »Unfall« (!) sei. Es versteht sich wohl von selbst (aber angesichts dessen, was ich höre, versteht es sich leider nicht von selbst!), daß eine solche Frage absolut unmöglich ist.
Geschlecht: Das ist eine relativ neue Variante des Schwangerschafts-Fauxpas. Da sich heute das Geschlecht des Ungeborenen bestimmen läßt, fragen viele die Schwangere, ob es ein Junge oder ein Mädchen wird. Nun mögen einige Paare darüber gern Auskunft geben, einige andere finden diese Frage aber überaus persönlich – vielleicht ist sie zwischen ihnen sogar Grund für Zwistigkeiten. Es ist kein Verbrechen, die Frage zu stellen, aber es ist meist besser, es nicht zu tun. Wenn Sie es nicht lassen können, erkundigen Sie sich lieber danach, ob sie schon einen Namen für das Kind haben, und schließen Sie aus der Antwort auf das Geschlecht. (Auf gar keinen Fall dürfen Sie sich abfällig über den gewählten Namen äußern oder anfangen, selbst Na-

men vorzuschlagen. Paare, die ein Kind erwarten, werden mit Ratschlägen bombardiert, obwohl das wirklich nur sie selbst etwas angeht. Sie bekommen genügend unerbetene Ratschläge von ihren Familien.)

Unaufgefordertes Berühren des Bauches: Der Umstand, daß die persönlichen Grenzen heute weniger strikt gezogen werden als früher, hat viele Vorteile mit sich gebracht, das aber gehört nicht dazu. Es ist zwar durchaus verständlich, daß Sie gern wüßten, wie sich ein straff gespannter Bauch mit einem Fötus anfühlt, aber wenn Sie einer Schwangeren die Hand auf den Bauch legen, ist das etwa so, als faßten Sie ihr an den Busen, was, wie ich hoffe, kaum jemand tun würde. Dennoch klagen erstaunlich viele Frauen über entfernte Verwandte und Bekannte, die es sich herausnehmen, ihren Bauch zu betatschen. Selbst Vertraute der Schwangeren sollten um Erlaubnis bitten, bevor sie das tun.

Fauxpas-Regel für werdende Mütter: Vor kurzem habe ich eine unglaubliche Geschichte über eine umgekehrte Form des eben erörterten Fauxpas gehört: Angeblich ergriff eine Schwangere während einer Sitzung unvermittelt die Hand des neben ihr sitzenden Kollegen und legte sie sich auf den Bauch, offenbar, weil sie gerade eine Kindsbewegung gespürt hatte. Der Kollege war verwirrt und peinlich berührt.

Es gibt wohl nur wenige Frauen, denen man sagen muß, daß etwas Derartiges unmöglich ist, solange es sich nicht um den Partner oder um enge Freunde handelt. Und noch etwas: Schildern Sie bitte nur Ihren engsten Freunden und Verwandten die letzte Vorsorgeuntersuchung in drastischen Einzelheiten (und selbst ihnen nicht während des Essens), und widerstehen Sie allen Impulsen, die Fotos herumzuzeigen, die während Ihres letzten Kaiserschnitts aufgenommen wurden, es sei denn, man hat Sie zuvor ausdrücklich darum gebeten. Es ist auch recht nah am Fauxpas, zu erzählen, wie schwierig oder mühelos Sie schwanger wurden – jemand in der Gesprächsrunde könnte ungewollt kinderlos sein.

Das Großmaul-Syndrom: Wenn Sie belauscht werden

Ich werde (leider) nie ein furchtbares Erlebnis vergessen, das ich als Teenager hatte. Ich war im Zimmer meines älteren Bruders, einem extrem »coolen« Hippie-Zimmer, in dem es nur ultraviolettes Licht und Lavalampen gab. Zu jeder Tages- und Nachtzeit lagen außer meinem Bruder mindestens vier seiner Freunde in dem nahezu dunklen Raum und lauschten Monty Python oder Led Zeppelin. Bei einer solchen Gelegenheit hörte ich, wie der Name Ron fiel, so hieß ein Junge, über den sich die Freunde meines Bruders immer lustig machten. In dem absurden Versuch, von den »großen Jungen« akzeptiert zu werden, zog ich auf gemeine, sarkastische Weise über Ron her – über seine schlechten Witze, sein »blödes Angebaggere« usw. Ich war gerade auf seine Körperhygiene zu sprechen gekommen, als mir auffiel, daß plötzlich irgend etwas sehr eigenartig war – es herrschte eine unnatürliche Stille. Mir kam ein furchtbarer Verdacht ... o nein, bitte nicht! ... aber ja: aus einer finsteren Ecke löste sich eine bekannt wirkende Gestalt, und dann sagte Ron: »Vielen Dank, Jeanne.« Er war die ganze Zeit da gewesen und hatte zugehört, ich hatte ihn nicht gesehen, weil er direkt vor einer Lampe saß.

Hüten Sie sich vor dunklen Zimmern, vor Restaurants mit gedämpftem Licht, vor Toiletten in Restaurants, Büros usw., vor vollen Straßenbahnen und vor Zügen. Stellen Sie sich mit dem Rücken zur Wand, entwickeln Sie am Hinterkopf Augen, perfektionieren Sie Ihr peripheres Sehen. Leuchten Sie in alle Zimmerecken, bevor Sie den Mund öffnen, wenn es denn sein muß – all das lohnt sich, um sich den Horror des Großmaul-Syndroms zu ersparen.

Dieser blamable Fauxpas, der zur ersten Kategorie (erwischt werden) zählt, passiert nicht nur, wenn Sie über jemanden herziehen (was Sie sowieso nicht tun sollten), sondern auch, wenn Sie einfach nur unachtsam sind, beispielsweise bei einem Fest einer Freundin sagen, sie dürfe die Gastgeberin keinesfalls nach ihrem Ehemann fragen, weil der gestern abend ausgezogen sei, um dann festzustellen, daß sie schräg hinter Ihnen steht – mit einem Daiquiri und einem Lächeln, beides eiskalt.

Es gibt viele Szenarien für das Großmaul-Syndrom. Jemand könnte etwas mitbekommen, das nicht für seine/ihre Ohren bestimmt war, weil Sie zu laut sprechen oder die Musik abrupt und unerwartet aufhört. Vielleicht spekulieren Sie in einem Restaurant darüber, ob eine Bekannte eine Abtreibung hatte – und dann sitzt sie am Nebentisch. Vielleicht erzählt Ihnen Ihre Freundin Hannah etwas absolut Skandalöses über ihren Chef J. B. Und da Sie J. B. nie kennengelernt haben, können Sie auch nicht wissen, daß er direkt neben Ihnen steht, als Sie diese Klatschgeschichte laut und deutlich wiederholen. Sie könnten sogar beim Telefonieren einfach nur vergessen, daß die Person, über die Sie gerade sprechen, an einem anderen Anschluß das Gespräch belauschen könnte.

Mein Onkel Hermann verließ einmal nach einer gut besuchten und bejubelten Vorstellung ein Theater am Broadway. Er fand das Stück furchtbar, sagte, sich im Gehen zu seiner Frau umdrehend: »Diese Zuschauer sind alle miteinander geisteskrank«, und sah dann, daß hinter ihm nicht seine Frau, sondern eine der von ihm als geisteskrank bezeichneten Zuschauerinnen ging. (Vermutlich hat sie ihm daraufhin die Handtasche übergezogen.)

Fassen wir zusammen: Dergleichen wird wohl nicht passieren, meistens geht es gut. Passiert es aber doch, ist die Situation *sehr schwer* wieder geradezubiegen. Daher müssen Sie bei diesen Gelegenheiten die dritte Anti-Fauxpas-Regel beherzigen: Seien Sie sich immer darüber im klaren, wer Sie hören kann. Stellen Sie völlig sicher, daß niemand in Hörweite ist, der in einer Beziehung zu der Person oder dem Ereignis steht, über die bzw. das Sie etwas erzählen möchten. Vergessen Sie nicht, daß Sie sich immer auf dünnem Eis bewegen, wenn Sie über jemanden herziehen. Es wäre klüger, Sie würden in der Öffentlichkeit nie schlecht über jemanden sprechen, ob der/die Betreffende nun da ist oder nicht. Es findet sich immer etwas Angenehmes, worüber Sie sich unterhalten können, denn wenn Sie in der Öffentlichkeit beleidigend oder hinterhältig über jemanden reden, fordern Sie im Grunde einen Fauxpas heraus. (Sie mögen es ausgesprochen geistreich finden, das Toupet von Herrn Billing mit einer toten Katze zu vergleichen. Frau Billing könnte anderer Meinung sein.)

Wenn Sie aber unbedingt anderer Leutes schmutzige Wäsche waschen müssen, positionieren Sie sich in eine Zimmerecke, damit ganz sicher niemand hinter Ihnen stehen kann. Oder gehen Sie mit dem glücklichen Empfänger Ihres Klatsches in ein anderes Zimmer (doch auch da lauern Gefahren – siehe Scarlett O'Haras Fauxpas auf Seite 160).

Wenn Sie vorsichtig sind, können Sie nach Herzenslust über Fremde – wie auch über Freunde und Bekannte – herziehen und ungeschoren davonkommen.

... dem läuft der Mund über: Der falsche Gesprächspartner

Das Großmaul-Syndrom ist noch recht einfach zu vermeiden, wenn man bedenkt, wie schwierig es ist, einen anderen verbreiteten Fauxpas zu umgehen: der falschen Person das Falsche zu erzählen. Mit *falsche Person* meine ich jemanden, den/die Ihre Bemerkungen verletzen, verlegen machen oder ärgern könnten, während das bei jemand anderem nicht der Fall wäre. Hier einige Beispiele:

Imitator-Panne: Bei einer Party imitieren Sie einen fremden Akzent oder Dialekt, um witzig zu sein, und müssen dann feststellen, daß unter Ihren Zuhörern jemand ist, der diesen Dialekt spricht oder aus dem Land stammt, dessen Akzent Sie nachgeäfft haben.

Unkenntnis bestimmter Zusammenhänge: Sie gehen zum Schuldirektor Ihres Sohnes, um sich über einen seiner Mitschüler zu beschweren, und stellen erst während des Gesprächs fest, daß dieser Mitschüler der Enkelsohn des Schulleiters ist.

Versehentlicher Ausschluß: Sie telefonieren mit einer guten Freundin und erwähnen beiläufig eine phantastische Party, auf der Sie waren oder zu der Sie eingeladen sind. Kaum haben Sie das gesagt, merken Sie, daß Ihre Freundin offenbar nicht eingeladen wurde, obwohl sie es erwartet hätte.

Gerüchteküche: Sie wiederholen ein Gerücht über X (die Sie nicht kennen), dann stellt sich heraus, daß X niemand anderes ist als die Frau, der Sie das gerade erzählt haben.

Geheimnisse lüften: Sie verraten etwas, worüber Sie Stillschweigen wahren sollen, und zwar in Anwesenheit eben der Person, die Ihnen das Geheimnis anvertraut hat.
Verachtung äußern: In einer Unterhaltung mit Ihrem Chef, Ihrer Schwiegermutter oder jemand anderem, auf dessen gute Meinung Sie Wert legen, verkünden Sie mit kreuzzüglerischem Eifer, wer Velveta-Käse esse, sei ein absoluter Idiot. Es stellt sich unweigerlich heraus, daß ihr Gegenüber nichts lieber mag als Velveta-Käse.

Um solche Peinlichkeiten zu meiden, empfiehlt es sich, die zweite Regel in Erinnerung zu behalten: *Denken Sie nach, bevor Sie etwas sagen.* Ja, ich weiß, das ist leichter gesagt als getan. Wenn wir immer die Zeit und die Umsicht hätten, nachzudenken bevor wir reden, begingen wir niemals einen Fauxpas. Aber viele dieser hochnotpeinlichen Situationen ließen sich vermeiden, wenn Sie vorher gezielt überlegten, mit wem Sie gerade sprechen – und in welchem Verhältnis er oder sie zu dem stehen könnte, was Sie gerade sagen möchten. Falls die Antwort auf Ihre stille Selbstbefragung »Ich weiß es nicht genau« lautet, sollten Sie vorsichtig sein.
Wenn Sie also nicht sicher sind, warum sollten sie annehmen, daß keiner der Anwesenden einen Dialekt spricht? Warten Sie mit Ihrer Dialekt-Nummer, bis Sie sich mit allen unterhalten haben. Und denken Sie nicht, es sei selbstverständlich, daß alle richtigen Käse lieber essen als Schmelzkäse. (Vermutungen sind immer gefährlich, besonders riskant aber ist die Vermutung, Ihre Vorlieben und Abneigungen würden von allen geteilt.) Wenn Sie ein Gerücht wiederholen oder Unfreundliches oder Scharf-

züngiges über jemanden sagen wollen, sollten Sie unbedingt *vorher* in Erfahrung bringen, ob Ihr Gegenüber mit dem Gegenstand Ihrer abfälligen Äußerungen bekannt ist oder bereits etwas über ihn/sie weiß. Denken Sie immer daran, wo Sie sind und wer Ihnen zuhört.
Natürlich können Sie nicht auf *alles* vorbereitet sein. Sie wissen nicht alles, und es läßt sich nicht vermeiden, daß Ihnen Schnitzer passieren. Über alle Anwesenden so viel in Erfahrung zu bringen, daß Sie vor allen und jedem Fauxpas sicher sein können, würde viel mehr Nachforschung erfordern, als in der realen Welt des gesellschaftlichen Umgangs möglich ist – der zudem häufig unerwartete Wege nimmt. Aber nehmen Sie sich in der Situation die Zeit, um sich einen Überblick über die Lage zu verschaffen, bevor Sie riskante Themen anschneiden. So, wie Sie auf den Bürgersteig vor sich schauen, um nicht in eine Pfütze zu treten, ist es akzeptabel – ja ratsam –, die Lage zu sondieren, bevor Sie etwas sagen. Unverfängliche Sätze hierfür wären:

»Sind Sie zufällig mit Hans Schmitt befreundet?«
»Kennen Sie Hans Schmitt?«
»Haben Sie diese Bilder gemalt?«
»Velveta ist wohl nicht Ihr Lieblingsessen, oder?«
»Und welche Rolle spielen Sie in dieser Geschichte?«

Sich die Finger verbrennen: Heikle Themen

Ich kam vom Zahnarzt und war völlig euphorisch (eine sehr ergiebige Gemütsverfassung für Fauxpas), da ich gerade die wunderbare Nachricht bekommen hatte, daß mein Zahnfleisch sich sehr gebessert habe und ich keine langwierige und teure Parodontose-Behandlung brauchen würde. Ich hatte mich mit meiner Freundin Karen zum Essen verabredet und schwärmte ihr des langen und breiten vor, wie glücklich ich sei, daß mir nun die Zähne nicht ausfallen und sich die Zahnlücken nicht unaufhaltsam vergrößern, bis sie so riesig wären, daß ich wie ein Tattergreis aussähe. Dann merkte ich, daß Karen angespannt und merkwürdig wirkte, und erinnerte mich mit dem Gefühl tiefer Schuld, daß sie ein ausgesprochen schlechtes Gebiß hat und unter all den Gräßlichkeiten leidet, denen ich gerade entkommen war.

Es gibt Themen, die wir in unserem Denken mit Warnglocken versehen sollten, um solche Fauxpas zu vermeiden: Zahnprobleme, wenn jemand Parodontose hat; Alkoholismus, wenn jemand zuviel trinkt; Gewichtsprobleme, wenn jemand übergewichtig ist; Hautprobleme, wenn jemand unter Akne leidet; Krebs, wenn jemand Krebspatient ist; eine Beförderung, wenn jemand gerade entlassen wurde – selbst das Thema Jungfräulichkeit, wenn jemand auf diesem Gebiet übersensibel ist: Jedes dieser Themen kann zu einer Katastrophe führen, und es anzusprechen ist ein gravierender Fauxpas, *falls wir vorher wußten, daß zwischen dem Thema und der betreffenden Person ein Zusammenhang besteht* (siehe auch den Kasten auf Seite 56).

Nehmen wir an, Sie sind in Ihrer Stammkneipe und unterhalten sich mit Robert, der dort hinter der Theke steht. Sie jammern darüber, was für einen schlechten Tag Sie hatten, und sagen zu ihm: »Ich schwöre dir, ich erschieße meinen Chef, ehrlich, ich besorge mir eine Knarre und niete den Kerl um!« Robert versucht zu lächeln und geht ans andere Ende der Theke. Zu spät fällt Ihnen ein, daß Roberts Frau im letzten Mai erschossen wurde.

Das ist ein Fauxpas, weil Sie es besser hätten wissen müssen; Sie hätten so viel *Verstand und Einfühlungsvermögen* haben müssen, an etwas zu denken, das für Ihren Gesprächspartner so wichtig ist. Das Gefühl von Scham, das sich nach einem solchen Fauxpas einstellt, gilt Ihrer Taktlosigkeit. Hätte ein Fremder so etwas gesagt, hätte es Robert vielleicht berührt, vielleicht nicht; aber von einem Fremden wäre es ganz sicher kein Fauxpas gewesen, sondern ein – wenn auch unglücklicher – Zufall.

Um keine Heikle-Themen-Fauxpas zu begehen, die Sie und andere belasten, müssen Sie stets die zweite Anti-Fauxpas-Regel beherzigen: *Denken Sie nach, bevor Sie etwas sagen.* Geben Sie Ihre geschliffenen Weisheiten erst zum besten, wenn Sie ganz sicher sind, daß Sie damit niemanden kränken werden.

GEHEN SIE AUF NUMMER SICHER
Fragen und Bemerkungen, die Sie meiden sollten

»Wie viele Kinder haben Sie?«
(Ihr Gegenüber könnte – vielleicht sogar ungewollt – kinderlos sein.)

»Finden Sie nicht auch, daß Raucher furchtbare Menschen sind?«
(Es gibt immer noch Leute, die gern rauchen.)

»Wie war die Beerdigung?«
(Sie wollen doch niemanden zum Weinen bringen, oder?)

»Das sollte ich vielleicht nicht sagen (fragen), aber ...«
(Ihr Instinkt hat vermutlich nicht getrogen.)

»Wie ich höre, haben Ihre Kinder Schwierigkeiten in der Schule.«
(Eltern möchten das selten zum Gegenstand eines beiläufigen Gesprächs machen.)

»Es tut mir sehr leid, daß Sie eine Fehlgeburt hatten.«
(Es sei denn, sie selbst hat die Rede darauf gebracht.)

....

Mit knapper Not davonkommen

Es gibt einen alten Witz von einem Mann, der in einem Lebensmittelgeschäft einen Verkäufer um einen halben Kopf Salat bittet. Der Verkäufer geht zu seinem Vorgesetzten und sagt: »Sie werden es nicht glauben, so ein Vollidiot will wirklich einen halben Kopf Salat haben.« Während er spricht, bemerkt er, daß der Käufer ihm gefolgt ist und direkt hinter ihm steht. »Und dieser Herr möchte die zweite Hälfte kaufen.«
Manchmal dämmert Ihnen mitten im Satz, daß Sie gerade dabei sind, einen ausgesprochen üblen Fauxpas zu begehen. Nicht viele Menschen haben die Gabe, sofort das Lenkrad herumzureißen, wie der Verkäufer es tat. Aber wenn Sie bemerken, daß Sie in diesem Augenblick mit 180 Stundenkilometern gegen eine Fauxpas-Wand rasen, können Sie manchmal im letzten Moment eine Vollbremsung machen.

Hier mein Rat: Falls Sie merken, daß Sie sich mit dem gerade begonnenen Satz in eine brenzlige Situation hineinmanövrieren, *hören Sie sofort auf*, ganz egal, wie abrupt es wirken mag. Ein Bruch im rhythmischen Fluß Ihrer Rede ist eine Banalität verglichen mit dem, was geschieht, falls Sie weiterreden. Diese Technik der Vollbremsung ist besonders geeignet, falls Sie am Telefon zu einem Fauxpas anheben, da sich beim Telefonieren leicht eine Unterbrechung vortäuschen läßt.

Manchmal hat der Abbruch so abrupt und absolut zu geschehen, daß Sie augenblicklich auf dem Absatz umdrehen und gehen müssen, manchmal können Sie die Situation weniger drastisch auflösen. Wenn Sie, nachdem Sie Ihren rettenden Schlußsatz gesagt haben, nicht sofort gehen (oder auflegen), sollten Sie für eine Pause sorgen, die Ihnen genug Raum/Zeit gibt, um das Thema zu wechseln oder sich für Ihren haarsträubenden Satzanfang ein neues Ende auszudenken.

Hier einige Rettungsanker, die das Quietschen Ihrer Gesprächsnotbremse ein wenig übertönen. Danach können Sie das Gespräch wieder starten – in eine andere Richtung.

(STOP) »*... Es ist nicht zu fassen, wer gerade zur Tür hereinspaziert!*« (»Wer?« wird vielleicht jemand neben Ihnen fragen. Ignorieren Sie das.) »*Es tut mir leid, Entschuldigung.*«

(STOP) »*... Was wollte ich gerade sagen? Irgendwie bin ich plötzlich ganz leer im Kopf. Ich glaube, ich sollte weniger Kaffee trinken.*«

(STOP) »*... Ich ... Oje, gerade fällt mir ein, daß ich schon vor einer Stunde jemand hätte anrufen sollen!*«

(STOP) »*... Entschuldigen Sie ... Ihre Augen sind so faszinierend ... jetzt habe ich völlig meinen gedanklichen Faden verloren.*«

(STOP) »*... Es tut mir leid, gerade war meine Chefin hier und hat mir ein Zeichen gemacht, daß sie mit mir reden möchte. Kann ich später wieder anrufen?*«

3.
Grundtechniken der Wiedergutmachung

Unglücklicherweise lassen sich die meisten Fauxpas *nicht* aufhalten. Sie sehen sie nicht einmal kommen – und stehen plötzlich da wie der sprichwörtliche Idiot. Beginnen Sie zu stottern und zu erröten? Stöhnen Sie auf und rennen fort? Wollen Sie den oder die Betreffende nie mehr sehen oder sprechen? Selbstverständlich können Sie das alles tun. Aber bevor Sie Ihren Namen ändern und auswandern, könnten Sie versuchen, den Schaden zu beheben. Es gibt viele effektive und kreative (mitunter sogar unterhaltsame) Methoden, einen sozialen Fehltritt wiedergutzumachen. Sie müssen nur die Methode wählen, die zu der jeweiligen Situation am besten paßt und Ihnen am meisten zusagt.

Geständnis, Entschuldigung oder andere Zeichen der Reue

Manchmal ist es nach einem peinlichen Fauxpas das einfachste, ohne Umschweife dazu zu stehen und sich zu entschuldigen. Die meisten Menschen werden – solange Sie ihnen nicht ein Bein stellen oder eine unbezahlbare Ming-Vase in Stücke schlagen – geneigt sein, Ihre Beteuerung zu akzeptieren, daß es Ihnen sehr leid tut. Es gibt allerdings viele Arten, sich zu entschuldigen. Wenn Sie einen entfernten Bekannten leicht anschubsen, sollten Sie anders »Es tut mir leid« sagen, als wenn Sie gerade seine Frau schwer beleidigt haben. Nur Sie können entscheiden, welche Art von Entschuldigung in der jeweiligen Situation die richtige ist.

Die »Angriff ist die beste Verteidigung«-Entschuldigung

Gelegentlich sind Sie nicht sicher, ob überhaupt jemand bemerkt hat, daß Sie gerade ins Fettnäpfchen getreten sind. Vielleicht sagt niemand etwas, aber Sie finden plötzlich die Stimmung eigenartig. Sie könnten natürlich einfach beten, daß gerade keiner aufgepaßt hat, aber nach meiner Erfahrung ist es häufig besser, den Stier bei den Hörnern zu packen und den Fehler zuzugeben – falls es doch jemand gemerkt haben sollte.

Ein Freund von mir lud vor einiger Zeit einen einflußreichen Geschäftsfreund brieflich zu einer Konferenz ein. Er hatte die Einladung bereits abgeschickt, als ihm einfiel, daß er auf dem Umschlag den Namen falsch geschrieben hatte. Es war zwar sehr wahrscheinlich, daß der Geschäftsfreund den Umschlag niemals zu Gesicht bekommen würde, mein Freund aber hielt es für klüger, es zu erwähnen – immerhin war es durchaus möglich, daß er ihn doch gesehen hatte. Beim nächsten Treffen mit ihm sagte er also: »Sie haben meinen Brief bekommen? Sehr gut. Es ist mir äußerst unangenehm, aber ich fürchte, ich habe auf dem Umschlag Ihren Namen falsch geschrieben. Ich selbst ärgere mich immer, wenn jemand meinen Namen falsch schreibt. Deswegen bin ich in solchen Dingen sonst sehr genau.«

Ich finde diese Strategie beruhigend, sie hat etwas sehr Direktes. Sie ist auch sehr geschickt, wenn Sie nicht sicher sind, ob das, was Sie getan haben, ein Fauxpas war oder nicht. So stand ich einmal bei einem Neujahrsempfang mit einigen Journalisten zusammen und bezeichnete aus irgendeinem Grund die Frau eines der Journalisten als »Hausmütterchen«. (Um die Jahreswende passieren mir immer ausgesprochen merkwürdige Sachen.) Keiner der Umstehenden zuckte mit der Wimper, aber ich schüttelte dennoch den Kopf und sagte: »Das habe ich doch wohl nicht gesagt! Ich habe doch wohl eben nicht ›Hausmütterchen‹ gesagt! Ich weiß nicht, was mit mir los ist – würde bitte jemand einen Arzt holen. Oder vielleicht besser einen Exorzisten!«

Die Moral von der Geschichte: Geständnisse sind gut für die Seele und manchmal die beste Art, auf Nummer Sicher zu gehen.

Die Selbstbeschimpfungs-Entschuldigung

Ziel der Selbstbeschimpfungs-Strategie ist es, dem Leidtragenden zu demonstrieren, wie furchtbar Ihr Fauxpas Sie belastet, damit er *Sie* bemitleidet. Sie könnten sagen: »Das kann ich doch nicht wirklich gesagt [getan] haben … Jetzt hassen Sie mich bestimmt, und Sie haben ja recht, ich bin ein solcher Idiot!« Oder: »O Gott, ich bin so ungeschickt [dämlich/schwer von Begriff].« Die meisten Menschen werden Mitgefühl mit Ihnen haben und die nächsten zehn Minuten damit zubringen, *Sie* zu trösten. (Warnung: Ein wenig Selbstbeschimpfung kann hervorragend funktionieren. Lamentieren Sie aber zu lange, wie schrecklich Sie sind, könnten die Anwesenden geneigt sein, Ihnen zuzustimmen.)

Die weltgewandte Entschuldigung

Wenn Sie sich eine eher belanglose Ungeschicklichkeit haben zuschulden kommen lassen, wenn Sie, sagen wir, jemandem auf den Fuß getreten sind, einen Löffel fallen ließen oder ein Gespräch unterbrochen haben, könnten Sie es mit einem weltgewandten »*Pardonnez-moi!*«, »*Mi scusi*« oder »*I'm sooo sorry!*« probieren. Wenn Sie das etwas spielerisch servieren, kann es eine ebenso witzige wie raffinierte Entschuldigung sein. Die raffinierteste Variante ist allerdings eigentlich überhaupt keine Entschuldigung: »Ach du liebe Güte – *quel faux pas!*« (Welch ein Fauxpas!) Wenn Sie sich in einer Fremdsprache entschuldigen, mildert das Ihre Aussage ein wenig, und Sie können sich mit einem gewissen Maß an Würde aus der Affäre ziehen. Es zeigt, daß Sie Ihrer Meinung nach nichts *wirklich* Schlimmes getan haben, räumt aber doch ein, daß Ihr Verhalten nicht ganz korrekt war. (Anmerkung: Die weltgewandte Entschuldigung wirkt am besten bei Menschen, die es nicht sind. Wenn Sie mit mehrsprachigen Menschen zusammen sind, sollten Sie auf diese Strategie verzichten.)

Die religiöse Entschuldigung

Vielleicht möchten Sie sich auf Gott berufen: »O *mein Gott*, es tut mir *so leid*!« Es beeindruckt, wenn Sie den Namen Gottes laut aussprechen. (Darum finden viele Fluchen so befriedigend.)

Die beflissene Entschuldigung oder Angebote zur Buße

Manche Menschen bieten der geschädigten Person eine »Entschädigung« an. Das beginnt bei der Frage nach dem Befinden der oder des Betreffenden und hört dabei auf, ein Geschenk in Aussicht zu stellen.

Beispiele:

»Oje, habe ich Sie damit beleidigt [verletzt/gekränkt]? Können Sie mir jemals verzeihen?«

»Bitte sagen Sie mir, wie ich das wiedergutmachen kann.«

»Darf ich das bezahlen?« [»Ich bestehe darauf, die Reinigung zu bezahlen!«]

»Darf ich Ihnen ein neues Glas Wein [ein neues Stück Kuchen etc.] holen?«

»Das ist mir furchtbar unangenehm. Wie wäre es, wenn ich die nächsten vier Sonntage Ihr Auto wasche?«

»Bitte, jetzt müssen Sie mich *beleidigen. Richtig schlimm. Dann sind wir quitt.«*

Die nichtverbale Entschuldigung

Hierbei sagen Sie gar nichts. Also: Sie schlagen die Hände vor das Gesicht und stöhnen. Sie umarmen und küssen Ihr Opfer. Sie können sich sogar an ihn/sie klammern, als wollten Sie sagen: »Hilf mir aus dieser grauenvoll peinlichen Patsche!« Wenn die Situation danach ist, falten Sie die Hände und flehen um Vergebung. (Im äußersten Fall können Sie auf die Knie fallen.) Witziger und wenig unterwürfig wird die nichtverbale Entschuldigung, wenn Sie sich ironisch verbeugen, als sei Ihr Fauxpas so spektakulär, daß er Applaus verdient. Die extremste Variante der nichtverbalen Entschuldigung ist die mimische Andeutung, daß Sie sich erschießen oder erhängen. Dazu gehört das Geräusch eines Gewehrschusses oder ein Würgegeräusch. (Dann können Sie zu Boden stürzen. Muß aber nicht sein.)

Brillante Ausreden

Oft genügt eine Entschuldigung, aber in vielen Situationen ist eine Entschuldigung *nicht* die beste Lösung. Sagen wir, Sie haben einen Fauxpas begangen, der zur fünften Kategorie gehört, Sie haben also zu erkennen gegeben, daß Sie etwas nicht wissen, was Sie *unbedingt* wissen sollten. Sie organisieren beispielsweise den Wahlkampf für Ihre politische Partei und haben gerade gefragt, wer X ist (X ist eine sehr einflußreiche Persönlichkeit eben dieser Partei). Die Umstehenden starren Sie fassungslos, ungläubig und geringschätzig an. Alle scheinen sich zu fragen, was in aller Welt *Sie* auf dieser Sitzung tun, und Sie selbst fragen sich das langsam auch.

Hier wäre eine Entschuldigung fraglos völlig falsch. Sie wollen die Sache nicht noch verschlimmern, indem Sie sagen: »Es tut mir leid, daß ich so blöd bin.« Bei vielen Fauxpas ist es besser, sich nicht zu entschuldigen, sondern eine Erklärung anzuführen. Es genügt einfach nicht, zu einer Frau zu sagen: »Es tut mir leid, daß ich Sie für einen Mann

gehalten habe.« Wenn Sie Ihren Irrtum nicht begründen, klingt das zwangsläufig so, als wollten Sie sagen: »Es tut mir leid, daß ich es laut gesagt habe, aber Sie sehen wirklich aus wie ein Mann.« Wenn Sie einen Grund anfügen (wie »Es tut mir furchtbar leid, ohne meine Kontaktlinsen bin ich blind wie ein Maulwurf«), können Sie die Beleidigung zumindest zum Teil zurücknehmen und damit die Situation für sich und Ihr Gegenüber retten.
Mit einer Erklärung werden Sie im allgemeinen mehr ausrichten als nur mit einer Entschuldigung. Und wenn Sie deswegen lügen müssen, was macht das schon! Wenn die Ausrede schon nicht glaubhaft ist, kann sie wenigstens unterhaltsam sein – und daher ablenken. Hier einige sturmerprobte Alibis für den Notfall:

Behaupten Sie, Sie seien krank

Das ist als Erklärung ausgesprochen gut (und vielleicht sogar die Wahrheit). »Ich fühle mich nicht wohl« hat sich seit Jahrhunderten bewährt. Sei es die gute alte Migräne oder die etwas modernere Stirnhöhlenvereiterung, eine vorgeschützte Krankheit kann Sie aus so manchem Fettnäpfchen retten. Ein einfaches »Es tut mir leid, ich fühle mich heute abend nicht so recht wohl« reicht für einen kleineren Patzer, bei einem gravierenderen Fauxpas müssen Sie etwas zulegen: »Ich hätte heute abend gar nicht kommen sollen, ich weiß vor lauter Zahnschmerzen nicht, wo oben und unten ist.« Oder sogar: »Ich kann an überhaupt nichts anderes denken als an meinen eingeklemmten Nerv – bitte entschuldigen Sie, ich habe solche Schmerzen, ich weiß nicht, was ich rede.« (Warnung: Achten Sie darauf, daß Sie diese Ausrede nicht zu oft benutzen, denn Ihr Körper könnte anfangen, Ihren Worten zu glauben. Außerdem könnten Sie in den Ruf eines Hypochonders kommen.)

Behaupten Sie, Sie hätten einen furchtbaren Tag gehabt

Das läßt sich oft leicht behaupten, da Sie sich wegen des Fauxpas, den Sie gerade begangen haben, wahrscheinlich sowieso schon ziemlich elend fühlen. Jetzt brauchen Sie sich nur noch rasch vier oder fünf andere entsetzliche Sachen auszudenken, die Ihnen durchaus *hätten zugestoßen sein können* – ein Taxi hat Sie von oben bis unten naßgespritzt, Ihr Chef hat Sie angebrüllt, Sie wurden entlassen, Ihr Portemonnaie wurde gestohlen, die Steuerprüfung hat sich angesagt, Sie haben erfahren, daß Ihr Liebhaber verheiratet ist –, und diese erfundene Geschichte Ihres Tages erzählen. (An manchen Tagen werden Sie nur geringfügig übertreiben müssen!) Ihr gerade begangener Fauxpas führt dann diesen »furchtbaren Tag« einfach nur fort, er ist ein weiterer Schlag an einem Tag mit nichts als Pech, und alle werden Sie bemitleiden.

Behaupten Sie, Sie stünden unter Schmerzmitteln

Diese Erklärung ähnelt der Krankheits-Ausrede, mit dem Unterschied, daß die Krankheits-Ausrede auf Mitgefühl abzielt, diese nur auf Verständnis. Fast alle haben irgendwann einmal aus Versehen zu viele Allergietabletten, Schmerzmittel, Grippetabletten usw. genommen, und dabei festgestellt, daß dies die emotionale Reaktion beeinflußt oder die Stimmung verändert. Sie müssen aber unbedingt sicherstellen, daß alle, denen Sie das als Entschuldigung unterbreiten, verstehen, daß Sie Medikamente und keine Drogen genommen haben. »Tut mir leid, Mann, ich habe 'nen Trip geworfen« gilt in den meisten Gesellschaftskreisen *nicht* als akzeptable Erklärung.

Behaupten Sie, Sie seien gerade aus einem Land zurückgekehrt, wo andere Sitten herrschen

Weil Verwirrungen, die durch unterschiedliche Umgangsformen verschiedener Kulturen entstehen, keine Fauxpas sind, kann das bei bestimmten Fauxpas eine unterhaltsame und abenteuerliche Rechtfertigung sein. Vielleicht hat man Sie gerade dabei ertappt, wie Sie Ihre Zigarette auf dem Teller für die Krabbenschalen ausdrücken, oder Sie kauen so gedankenverloren auf Eiswürfeln herum, daß Ihnen ein Stück aus dem Mund schießt und Ihrem Gegenüber gegen die Wange ploppt, bevor es zu Boden fällt. Lachen Sie einfach, schütteln Sie spöttisch den Kopf und sagen Sie: »Bitte verzeihen Sie mir, ich vergesse einfach, daß ich nicht mehr auf Bora Bora bin.« (Sie müssen unbedingt einen Ort wählen, der sehr exotisch und ganz anders ist.) Sollte allerdings Ihr Gegenüber antworten: »Was Sie nicht sagen! Ich bin auf Bora Bora aufgewachsen!«, dann sitzen Sie *wirklich* in der Patsche. (Siehe den Absatz über rasche Abgänge auf Seite 84.)

Andere Ausreden

Manche Menschen haben einen Standardsatz, der immer paßt, wenn sie sich danebenbenommen haben. Zum Beispiel:

»Entschuldigen Sie, ich habe letzte Nacht nicht geschlafen.«
»Ich bin noch im Jetlag.«

»Ich bin heute abend ganz außer mir, meine Frau [mein Mann] hat mich gestern abend verlassen.« (Damit können Sie gleichzeitig anbaggern.)

»Bitte vergeben Sie mir, ich muß immer an die Schwierigkeiten im Büro [an den wichtigen Auftrag] denken.«

»Verzeihen Sie, ich komme gerade von der Massage und bin noch ein bißchen benommen.«

»Angesichts solch körperlicher Perfektion kann ich keinen klaren Gedanken fassen.«

»Ich brauche eine neue Brille. [Ich habe meine Kontaktlinsen nicht drin/ habe gerade Augentropfen genommen, usw.]«

»Das tut mir sehr leid. Um die Wahrheit zu sagen, ich bin verstört, weil vorhin jemand (ich möchte jetzt nicht sagen, wer) so unverschämt zu mir war. Ich habe mein inneres Gleichgewicht noch nicht ganz wiedergefunden.«

»Das war nicht ich. Ich channele.« (Das ist die New Age-Ausrede).

Schlechte Ausreden

Niemals hingegen sollten Sie Ihren Fauxpas wie folgt erklären:

»'S tummir ßo leid, iß bin vielleisch ein bißßen beßwippst.«

»Ich kann nicht anders ... Sie ... Sie machen mich total scharf.«

»Entschuldigung, ich wurde als Kind mißbraucht.«

»Ich habe mich so gelangweilt, daß ich nicht darauf geachtet habe, was ich sagte.«

»Außerirdische haben mir befohlen, das zu sagen [zu tun].«

Die heilende Kraft des Humors

Wenn Sie sind wie ich, werden Sie als erstes den Wunsch haben, einen peinlichen Moment mit etwas Humor zu überbrücken. Nach einem Fauxpas fühlen sich alle angespannt: der, der den Fauxpas begangen hat, der Leidtragende (falls es einen gibt) und vor allem die Zeugen des Zwischenfalls. Und sollte der Fauxpas ein richtiger Hammer und die Reaktion darauf extrem gewesen sein (wenn beispielsweise der Beleidigte Sie gerade geohrfeigt und dann stehengelassen hat, und zwar in Gesellschaft der Gastgeberin, mit der er verheiratet ist, sowie Ihrer Schwiegermutter), kann nur noch Humor Sie retten.
Humor ist zwar immer ein wenig riskant – weil er subjektiv ist –, kann aber oft die giftige Stimmung neutralisieren, die nach einem Fauxpas wie eine Wolke über allen hängt. Hier einige »witzige« Antworten – von leicht ironisch bis höchst albern –, die Ihnen helfen können. Selbst wenn sie nicht wahnsinnig gut ankommen, füllen sie die furchtbare Stille, die unmittelbar nach einem Fauxpas entsteht.
Bitte beachten Sie: Diese Rettungsanker eignen sich nicht für alle gleich gut. Beschränken Sie sich daher auf die, mit

denen Sie sich wohl fühlen, oder denken Sie sich selbst welche aus und schreiben Sie sie in die leeren Zeilen. Entscheidend ist, daß Sie für den Notfall mindestens einen dieser Sätze auswendig beherrschen, denn die wenigsten Menschen zeichnen sich durch besondere geistige Brillanz aus, wenn sie sich gerade bis auf die Knochen blamiert haben.

Beispielsätze

»*Ich kann es gar nicht leiden, wenn so etwas passiert.*« (Dieser Satz wirkt am besten, wenn etwas ausgesprochen Dramatisches und/oder Ungewöhnliches vorgefallen ist, wie die gerade erwähnte Ohrfeige.)

»*Deutsch ist nicht meine Muttersprache.*« (Das geht natürlich nicht, wenn Deutsch *tatsächlich* nicht Ihre Muttersprache ist!)

»*Entschuldigung – ich bin aufgewachsen wie Kaspar Hauser, und das merkt man mir leider immer noch an.*«

»*Es gibt Tage, da sollte man im Bett bleiben. Sehen Sie, ich habe gerade so ein Jahr.*«

»*Es gibt Tage, da sollte man im Bett bleiben. Ich hätte vielleicht im Mutterleib bleiben sollen.*«

»*Sie müssen wissen, daß ich das eben gar nicht gesagt habe. Ich habe einen Nebenjob als Bauchrednerpuppe.*«

»*Ich lese gerade ein Buch über Fauxpas – der steht auf Seite 165.*«

»Das war ich nicht – das war mein verletztes inneres Kind.«

»OK. Man sollte mich foltern, dann erschießen und dann wieder foltern.«

(Sprechen Sie zu einem phantasierten Verbindungsmann): *»Scotty, die Lage hier ist ziemlich brenzlig ... beam mich raus!«*

»...«

»...«

Der Fauxpas-moi: Die Kunst des Leugnens

In *Leitfaden für Seitensprünge*, einem amerikanischen Film von 1967, gibt es eine bemerkenswerte Szene, in der eine ahnungslose Ehefrau nach Hause kommt und ihren Mann mit einer anderen Frau im Bett vorfindet. Sie sind auf frischer Tat ertappt. Die Ehefrau beginnt zu toben, sie beschimpft ihren Mann als Lügner, Betrüger usw. Unterdessen ziehen sich der Mann und die andere Frau ruhig und sehr schnell an. Während der Mann sich seine Kleidung überstreift, reagiert er auf die Vorwürfe seiner Frau mit überraschten und arglosen Sätzen wie: »Wovon redest du denn, Liebling?« und »Jetzt beruhige dich doch erst einmal und erzähle mir, was überhaupt los ist!« Die andere Frau, inzwischen vollständig bekleidet, geht, ohne ein Wort gesagt zu haben, während der Ehemann ungerührt und gelassen das Bett macht. Schließlich bleibt keine Spur mehr von dem Rendezvous.

Die Ehefrau, immer noch wütend, verlangt von ihrem Mann eine Erklärung. »Erklärung wofür?« fragt er. »Es war doch niemand hier. Du arbeitest zuviel, mein Schatz.«
Völlig verwirrt setzt sich die Ehefrau aufs Bett. Sie fragt sich, ob sie sich das alles nur eingebildet hat.
Diese Szene ist zwar ziemlich absurd, illustriert aber hervorragend, worum es bei der spektakulären Fauxpas-moi-Strategie geht. Beim Fauxpas-moi bestreiten Sie, daß es überhaupt einen Fauxpas gegeben hat. Sie mögen das etwas gewagt finden, aber wenn es klappt, zahlt sich das Risiko aus, und es lohnt den Versuch, wenn Sie sich in eine so furchtbare Fauxpas-Situation hineinmanövriert haben, daß Sie sich weder mit einer Entschuldigung noch mit einer Ausrede retten können.
Es gibt vier verschiedene Spielarten des Fauxpas-moi:

1. Behaupten Sie, man habe Sie mißverstanden

Nehmen wir an, Sie haben gerade den wahrlich üblen Fauxpas begangen, ein Theaterstück oder ein Buch in der Luft zu zerreißen, ohne zu ahnen, daß der Verfasser vor Ihnen sitzt. Nehmen wir weiter an, das Gespräch dreht sich um ein gerade angelaufenes Theaterstück mit dem Titel *Der furchtbare Patzer*, und Sie sagen: »Es ist stinklangweilig.«
Zu Ihrer tiefsten Bestürzung blickt der Mann zu Ihrer Rechten Sie mißvergnügt an und sagt: »Was Sie nicht sagen. Ich fand es nicht stinkweilig, als ich es schrieb.«
Das nennt man eine Katastrophe. Okay. Atmen Sie tief durch. Bleiben Sie ruhig. Kontrollieren Sie Ihre Gesichtszüge, damit Sie nicht aussehen, als hätten Sie sich gerade furchtbar blamiert. Blicken Sie statt dessen erstaunt, und

überlegen Sie in Windeseile, welche anderen Theaterstücke zur Zeit laufen.

»Ach, Sie sind der Autor von *Prügelei im Bahnhofsviertel?*« sagen Sie. »Tatsächlich? Ich dachte, das sei von einer Frau.« Vielleicht überzeugt das den Dramatiker nicht, er wird vermuten, daß Sie nur versuchen, Ihren Fauxpas auszubügeln. Aber der springende Punkt eines erfolgreichen Fauxpas-moi ist, unbeirrt zu leugnen und auf keinen Fall zu kapitulieren. Sagen Sie es sich vor: Leugnen, leugnen, leugnen. Es ist wie beim Poker, Sie können nicht erst bluffen und es sich dann während des Spiels anders überlegen. (Wenn Sie das nicht bis zum Schluß durchziehen können, sollten Sie es gar nicht erst versuchen.)

Hier nun wird der Dramatiker Ihnen möglicherweise »Nein, ich habe *Der furchtbare Patzer* geschrieben«, antworten, mit Zweifel in der Stimme, als wolle er sagen: »Nun versuchen Sie nicht, sich herauszureden«, aber denken Sie daran: Sie müssen standhaft bleiben! Sagen Sie mit Bestimmtheit: »Aber ich sprach von *Prügelei im Bahnhofsviertel*. Das war doch auch das Stück, von dem Hardy gerade sprach, oder?« Es ist eine wunderbare Strategie, falls sie funktioniert; manchmal schaffen Sie es, Ihren Ausrutscher damit völlig auszulöschen. Das Schlimmste, was passieren kann, ist, daß Ihr Bluff auffliegt, aber dann stehen Sie nicht viel schlechter da als vorher. Schließlich erwartet der beleidigte Dramatiker von Ihnen, daß Sie versuchen, den Fauxpas irgendwie auszumerzen. Vermutlich würde ihn die ganze Geschichte *noch mehr* beleidigen, wenn Sie das nicht wenigstens probiert hätten. Aber vielleicht wird er ja auch Ihren heftigen Beteuerungen Glauben schenken. (Sein Ego möchte das ganz sicher.)

2. Geben Sie jemand anderem die Schuld

Das mag Ihnen unredlich vorkommen, vor allem wenn es bedeutet, die Schuld für einen Schubser oder ein umgeschüttetes Glas Cassis einem der Anwesenden zuzuschieben, aber weisen Sie die Möglichkeit nicht völlig von der Hand. Der Zweck heiligt (manchmal) die Mittel. Sie sollten auch bedenken, daß Sie oft einem Unbekannten die Schuld geben können. Bei dem gerade angeführten Beispiel des beleidigten Dramatikers könnten Sie folgendes versuchen: »O nein! Es ist von Ihnen! Du liebe Güte! Ich weiß, daß Sie mir das nicht glauben werden, aber die Wahrheit ist, daß ich es gar nicht gesehen habe. Ich wollte mich nur ins Gespräch bringen und habe dummerweise nachgeplappert, was ich heute nachmittag im Bus gehört habe. Sie können Gift darauf nehmen, das war das letzte Mal, daß ich so etwas mache.«

3. Behaupten Sie, Sie hätten nur Spaß gemacht

Sie unterhalten sich mit einer ehemaligen Kollegin, die Sie schon lange nicht mehr gesehen haben. Erschöpfung, Alkohol oder Langeweile haben Sie unvorsichtig werden lassen und Sie fragen: »Was ist eigentlich aus diesem Hansel geworden, mit dem du damals zusammen warst?« Kaum haben Sie das gesagt, wird Ihnen unwohl. Und tatsächlich – sie antwortet etwas spröde: »Ich habe ihn geheiratet.«

Hier Ihre Rettung: Sie lächeln unbeirrt weiter, dann lachen Sie und sagen mit angemessener Heiterkeit: »Na, hör' mal, das weiß ich doch. [Name einer gemeinsamen Bekannten, die auch anwesend ist] hat es mir gerade erzählt. Also wo ist denn der Göttergatte heute abend?« Und falls

Ihre ehemalige Kollegin immer noch verstimmt wirkt: »Ach komm, verstehst du denn keinen Spaß mehr? Ich habe doch nur einen Witz gemacht!«

4. Übergehen Sie den Fauxpas völlig

Sie müssen ziemlich starke Nerven haben, um das durchzuziehen, aber wenn Sie es schaffen, ist es die radikalste Variante des Fauxpas-moi. Hier die Anweisung, was Sie tun – oder, genauer gesagt, nicht tun: Sie zucken mit keiner Wimper, Sie lächeln nicht, erröten nicht, lassen durch nichts erkennen, daß etwas vorgefallen ist. Löschen Sie den Fauxpas einfach aus Ihrer Realität. Er ist nicht passiert. Sie haben das nie gesagt. Sie haben das nie getan. Wenn es Ihnen gelingt, wirklich zu tun, als wüßten Sie von nichts, werden die anderen manchmal darüber nachzugrübeln beginnen, ob sie sich den Fauxpas nur eingebildet haben, oder zumindest vermuten, daß es – was immer es war – nicht so schlimm gewesen sein kann.

Diese Variante des Fauxpas-moi empfiehlt sich nicht nur für Tollkühne, sondern auch für all jene, die zu schüchtern oder zu entsetzt sind, um auf das zu reagieren, was gerade geschehen ist. Dieser Fauxpas-moi kann die einfachste – manchmal sogar die einzige – würdevolle Weise sein, damit fertig zu werden.

So besuchte eine Bekannte namens Sally eines jener übermäßig gestylten Restaurants, wo die Toilettentüren verwirrende, vage künstlerische Symbole haben (oft in Form von völlig verfremdeten Hüten, Schuhen oder Tieren). Es war also nicht ihre Schuld, daß sie sich in der Herrentoilette wiederfand. Kaum eingetreten, erblickte sie einen verblüfften (und beschäftigten) Mann am Urinal. Sally fand, daß

sie bereits zu weit in den Raum hineingegangen war, um ihn beiläufig wieder verlassen zu können, daher trat sie wie selbstverständlich, ohne mit der Wimper zu zucken oder den verblüfften Mann eines Blickes zu würdigen, an eines der Waschbecken, wusch sich die Hände, trocknete sie sich mit einem Papierhandtuch und ging wieder hinaus. (Dann ging sie zur Damentoilette, wo – selbstverständlich – eine lange Schlange wartete.)
Ich muß einräumen, daß Sallys Dreistigkeit ein extremer Fall von Fauxpas-moi ist – er soll Sie aber daran erinnern, daß wir es immer in der Hand haben, unsere Realität selbst zu definieren – und das oft unterschätzen.

»Hier steh' ich und kann nicht anders«: Die Bekenner-Strategie

Manche Fauxpas sind nicht nur schwer zu entschuldigen oder wegzuerklären, sie lassen sich auch nicht mit einem Bluff zum Verschwinden bringen. Peter, einer meiner Interviewpartner, erzählte mir von einem Fauxpas, den er sich bei einem Klassentreffen geleistet hatte und der dem gerade erwähnten »Hansel«-Fauxpas ähnelt. Er unterhielt sich mit einem Freund von damals über eine ehemalige Klassenkameradin.
»Diese Gloria«, sagte Peter und lachte laut, »war doch wirklich eine unglaublich hohle Nuß.«
Der Freund lachte nicht. Er sagte: »Wenn das so ist, sollte ich vielleicht nicht mir ihr zusammenwohnen.«
Statt den Versuch zu starten, sich irgendwie aus diesem

Fettnäpfchen herauszuhangeln, setzte Peter zu der, wie ich sie nenne, Bekenner-Strategie an:
ERSTER SCHRITT: *Rücken Sie keinen Deut von Ihrem Fauxpas ab.* Das tat Peter, indem er überrascht, aber ganz und gar nicht peinlich berührt guckte und in aufrichtigem Ton sagte: »Tatsächlich? Mach keine Witze! Weißt du, ich fand sie wirklich immer ziemlich hohlköpfig.«
ZWEITER SCHRITT: *Erklären Sie Ihre Fauxpas-Bemerkung oder -Handlung,* ***ohne sich dafür zu entschuldigen.*** Peter fuhr fort: »Sie war nämlich in der zehnten Klasse ständig im Chemielabor und hat da nie etwas anderes getan, als über dem Bunsenbrenner Lippenstifte zusammenzuschmelzen.«
DRITTER SCHRITT: *Rücken Sie vorsichtig von Ihrem Fauxpas ab.* Er beendete seine Rettungsaktion, indem er ruhig sagte: »Aber wenn du mit ihr zusammenlebst, kann sie keine hohle Nuß sein. Ich habe sie wohl all die Jahre falsch eingeschätzt. Das zeigt nur, daß man die Leute nicht ihr Leben lang danach beurteilen soll, was sie mit fünfzehn im Chemieunterricht gemacht haben.«
Die Bekenner-Strategie geht viel weiter als der Fauxpas-moi. Er sagt kühn: Ich habe keinen Fehler begangen, und um dies zu beweisen, werde ich mich nicht nur *nicht* entschuldigen, ich werde *wiederholen,* was ich gesagt oder getan habe. Es ist bei vielen Fauxpas der zweiten (unbeabsichtigte Gehässigkeit) und der fünften Kategorie (Enthüllen einer unverzeihlichen Wissenslücke) eine geschickte Strategie; wenn Sie betonen, daß Sie nicht wußten, was Sie hätten wissen müssen, und keinerlei Anstalten zeigen, verlegen zu sein oder sich zu entschuldigen, können Sie den Fauxpas fast völlig auslöschen oder ihm zumindest etwas von seiner Schärfe nehmen. (Falls Sie eine kompromißlose

Bekenner-Strategie vorziehen und sich nicht darum scheren, was die Leute von Ihnen denken, können Sie den dritten Schritt weglassen.)

Ablenkungsmanöver

Das unumwundene Bekennen mag die mutigste und »sauberste« Methode sein, auf einen Fauxpas zu reagieren, ich ziehe allerdings oft einen kleinmütigen, indirekten Ausweg vor und lasse mir ein Ablenkungsmanöver einfallen. Ablenkungen sind gut geeignet, nach einem Fauxpas frischen Wind in die Situation zu bekommen, da sich alle, die ihn mitbekommen haben, unbehaglich fühlen und hoffen, daß die angespannte Atmosphäre schnell ein Ende findet. Wenn Sie für Ablenkung sorgen, macht das den Patzer zwar nicht ungeschehen, aber es kann Sie und die Beteiligten rasch auf andere Gedanken bringen.

Die Anekdote

Diese Technik – eine meiner Lieblingsstrategien – beruht zum einen darauf, daß jeder Mensch schon einmal einen *wirklich* schlimmen Fauxpas begangen hat, und zum anderen darauf, daß in einer peinlichen Situation alle verzweifelt auf jemanden hoffen, der sie aus dem gesellschaftlichen Treibsand rettet, in dem sie gerade zu versinken drohen. Für diese Rettungsaktion benötigen Sie nichts als eine wirklich brillante Fauxpas-Geschichte.
Nehmen wir an, Sie haben gerade den äußerst peinlichen und verbreiteten Fauxpas begangen, die Ehefrau Ihres

Gesprächspartners für dessen Mutter zu halten. Oder Sie wollen Ihren Geschäftsführer mit jemandem bekanntmachen und wissen plötzlich seinen Namen nicht mehr. Wie können Sie die Anwesenden und/oder das Opfer Ihres Fauxpas von Ihrer Ungeschicklichkeit ablenken? Stehen Sie einfach zu Ihrem Fehler – mit soviel oder sowenig Aufhebens, wie Sie möchten – und sagen Sie dann: »Das war schon schlimm genug, aber …« oder: »Es ist wirklich schrecklich, ich bin Weltmeisterin in Sachen Fettnäpfchen. Sie werden es nicht glauben, aber einmal habe ich …« Und dann erzählen Sie eine amüsante oder furchtbare Fauxpas-Anekdote. Ich habe immer einige Geschichten von persönlichen Pleiten parat, die ich bei solchen Gelegenheiten besonders gern erzähle. Zum Beispiel:

Ein flüchtiger Bekannter von mir – nennen wir ihn Daniel – liebte eine Frau – Anita –, die aber mit einem anderen – Christoph – zusammenlebte. Die Liebe zwischen Daniel und Anita war ein streng gehütetes Geheimnis, die einzige, die davon wußte, war eine gemeinsame Freundin von Daniel und mir, da er und Anita sich hin und wieder in deren Wochenendhaus trafen.

Diese gemeinsame Freundin hatte mir (was sie ganz gewiß nicht hätte tun sollen) von dieser Dreiecksbeziehung erzählt und erwähnt, daß Daniel verzweifelt sei, weil Christoph einen sehr begehrten Posten in Paris angeboten bekommen habe und Anita ihn vermutlich dorthin begleiten werde.

Wenig später traf ich Daniel auf der Straße und begrüßte ihn laut und deutlich mit einem freudigen: »Herzlichen Glückwunsch zu der wunderbaren neuen Stelle in Paris!«

Diese Geschichte kommt bei meinen Zuhörern immer gut an und ist eine geeignete Anekdote für solche Gelegenheiten, weil sie mit ziemlicher Sicherheit viel, viel schlimmer ist als alles, was gerade vorgefallen ist. (Anmerkung: In der Geschichte sollte es unbedingt darum gehen, wie *Sie* sich blamiert haben. Es ist viel weniger charmant, sich über die Dämlichkeit anderer auszulassen. Sie könnten in den Verdacht kommen, bei einem Wettbewerb um den schlimmsten Fauxpas Punkte machen zu wollen.)
Die Anekdote ist eine wundervolle Art, auf Ihren Fauxpas zu reagieren: Sie verweilen nicht allzu lange bei ihm, sind unterhaltsam und entschuldigen sich auf subtile Weise. Sie stehen zu Ihrem Fauxpas, weisen aber deutlich darauf hin, daß mit Ihnen nicht zum erstenmal jemand auf dem glatten Parkett der gesellschaftlichen Umgangsformen ausgeglitten ist und daß es auch nicht das letzte Mal gewesen sein wird.

Übertriebene Schmeichelei

Schmeicheleien sind immer ein hervorragender Nothelfer. Meine Cousine Jenny konnte damit einmal von einem recht dummen Patzer ablenken. Sie war von einer Kollegin zu einer Party eingeladen, eine Frau, die sie kaum kannte, aber gern besser kennenlernen wollte. Sie betrat die Wohnung und stand in einem recht kleinen, geschmackvoll eingerichteten Wohnzimmer mit Kochnische. Da sie so gern einen guten Eindruck machen wollte, sagte sie überschwenglich zu ihrer Gastgeberin: »So eine schöne Wohnung! Darf ich mir die anderen Zimmer ansehen?« Die Kollegin wirkte geknickt.
»Sie ist nicht größer«, antwortete sie.
Jenny blickte rasch im Raum umher und fand etwas, worauf

sie ihre Aufmerksamkeit richten konnte. »Diese Couch!« rief sie aus. »Sie ist wunderbar! So eine suche ich seit Jahren! Wo in aller Welt haben Sie die nur gefunden? Sie ist wirklich hinreißend!«

Jeder, dessen Gefühle einmal verletzt wurden, kann Ihnen bestätigen, daß übertriebene Schmeicheleien ein hervorragender Balsam sind – er muß nur sofort und in großzügigen Mengen auf die noch frische Wunde aufgetragen werden. Schmeicheleien machen vielleicht den Stich einer Taktlosigkeit nicht ungeschehen, können aber so angenehm sein, daß sie den Schmerz zumindest für den Moment vergessen lassen.

Diese Technik bietet sich vor allem an, wenn Sie einen Fauxpas der dritten Kategorie (unbeabsichtigte Beleidigung) begangen haben. Ich erzählte einmal einer Freundin, wie sehr ich das Buch *Herr der Ringe* mag, und nachdem ich eine Zeitlang davon geschwärmt hatte, sagte ich: »Obwohl ich das vor meinen intellektuellen Freunden natürlich niemals zugeben würde.« Meine Gesprächspartnerin war selbstverständlich beleidigt, aber ich rettete die Situation ziemlich elegant, indem ich rasch hinzufügte: »Zum Glück kann ich mit dir ganz ich selbst sein. Du bist so klug, daß du solche bornierten Vorurteile nicht brauchst.«

Andere Ablenkungsmanöver

Manchmal genügt ein einfacher Themenwechsel, um Ihren Fauxpas vergessen zu lassen, vor allem, wenn Sie zunächst eine andere Beschwichtigungs-Methode angewandt haben (eine Ausrede oder den Fauxpas-moi). Ausrufe wie »Ich verhungere! Wollen wir nicht das Büfett stürmen?«, »Ist das da drüben nicht Götz George?« oder »Sieh dir den Wahnsinnsschlitten an, der da drüben parkt!« erlauben Ihnen, das ungemütliche Terrain Ihres Fauxpas schleunigst zu verlassen. Wie bei der übertriebenen Schmeichelei müssen Sie auch hier den Blick rasch umherstreifen lassen, um einen geeigneten Aufhänger für eine Ablenkung zu finden. Vergessen Sie nicht, daß auch das (oder die) Opfer Ihres Fauxpas meist sehr erpicht darauf sind, die Peinlichkeit aufzulösen.

Abrakadabra: Blitzschnelle Abgänge

Machen wir uns nichts vor. Manche Situationen, manche Fauxpas sind so vernichtend, daß Sie nur noch den Wunsch haben, keinem der Beteiligten mehr in die Augen sehen zu müssen. Da gibt es nichts mehr zu retten, Sie können nur noch verschwinden. Bei solchen Gelegenheiten sollten Sie zu einem der folgenden blitzschnellen Abgänge Zuflucht nehmen. Bitte beachten Sie: Bei einem »Abgang« verlassen Sie *sofort* entweder den oder die Zeugen Ihres Fauxpas *oder* den Ort des Geschehens überhaupt – die Wohnung, das Haus, das Restaurant, das Büro, den Planeten.

»Wenn Sie mich entschuldigen würden, ich muß jetzt eine Strickleiter suchen, um aus diesem Fettnapf herauszukommen.« (ABGANG)

»Ich denke, ich sollte mich jetzt in Luft auflösen. Wenn Sie mich entschuldigen würden.« (ABGANG)

»Wenn Sie mich entschuldigen würden. Ich gehe mich jetzt erschießen.« (ABGANG)

»Wenn Sie mich entschuldigen würden. Ich muß einen Termin für eine Gehirntransplantation machen.« (ABGANG)

»Ich werde jetzt sofort gehen, bevor ich weiteren Schaden anrichte.« (ABGANG)

»Wenn Sie mich entschuldigen würden. Ich muß gehen, um mir eine neue Zunge zu kaufen.« (ABGANG)

Nachträgliche Entschuldigung: Zeit heilt (einige) Wunden

Oft denke ich noch Tage – manchmal sogar Monate oder Jahre – lang mit Schrecken an eine besonders schlimme Taktlosigkeit, die ich begangen und nicht richtig ausgebügelt habe. Manchmal liegt das daran, daß der Fauxpas jedes menschenmögliche Maß überstieg, manchmal auch nur daran, daß ich ihn aus irgendeinem Grund nicht oder nicht vollständig wiedergutmachen konnte. Und hin und wieder geht mir erst Stunden später auf, daß ich überhaupt einen Fauxpas begangen habe!
Falls Sie morgens aufwachen und sich fragen, wie in aller Welt Sie Soundso je wieder unter die Augen treten sollen, bitte ich Sie: Verzweifeln Sie nicht! Wenn Sie bereit sind, sich darum zu bemühen, können Sie Ihren Patzer oft ausgesprochen gut wieder wettmachen – nachträglich. Das ist auf vier verschiedene Arten möglich: im persönlichen

Gespräch, telefonisch, brieflich und über ein Geschenk. (Warnung: Bevor Sie darangehen, sich für Ihren Fauxpas nachträglich zu entschuldigen, sollten Sie ganz sicher sein, daß er bemerkt wurde. Es ist nicht in Ihrem Interesse, sich einer Missetat zu bezichtigen, die niemandem aufgefallen ist.)

Im persönlichen Gespräch

Eine meiner Bekannten (nennen wir die nicht ganz Unschuldige Katrin) erzählte mir eine Geschichte, bei der es um eine Einladung ging. Sie war ein paar Tage lang in einer anderen Stadt und wurde von ihrer Freundin Susanne, die dort wohnte, zum Abendessen eingeladen. Als sie das ausmachten, kam zur Sprache, daß Katrin bei Fred übernachtete, und obwohl Susanne und Fred sich nur flüchtig kannten, war Susanne so freundlich, auch ihn zu diesem Abendessen einzuladen. Katrin, die den Abend lieber allein mit Susanne verbringen wollte, sagte: »Danke, ich werde Fred fragen«, tat es aber nicht. Bei einem zweiten Telefongespräch mit Susanne erwähnte sie, Fred habe an diesem Abend schon etwas anderes vor.

Zu Katrins Pech ergab es sich, daß Fred sie zu Susannes Wohnung fuhr. Susanne war nicht zu Hause, hatte aber für Katrin den Schlüssel unter die Matte gelegt. Fred ging mit ihr ins Haus und wartete mit ihr. Katrin wurde immer nervöser, weil sie die unvermeidliche Blamage kommen sah. Und kaum hatten Susanne und Fred sich begrüßt, sagte Susanne zu Fred: »Katrin hat mir schon gesagt, daß Sie nicht zum Essen bleiben können. Das ist wirklich schade.«

In der Situation konnte Katrin nichts machen. Fred wirkte einen Moment lang verwirrt, rang sich dann ein Lächeln ab, verabschiedete sich und ging. Katrin versuchte den

restlichen Abend vergeblich, ihr Schuldgefühl zu beschwichtigen, indem sie zuviel aß.
Katrins verletzender Fauxpas gehört zu denen, die man in dem Augenblick, in dem sie geschehen, nicht erwähnen kann. Aber als Katrin Fred wiedersah, brachte sie sofort die Sprache darauf, entschuldigte sich überschwenglich und erklärte, daß sie Susannes Einladung nicht an Fred weitergegeben habe, weil sie gern mit Susanne allein sein wollte, aber ihr gegenüber gleich zu diesem Wunsch hätte stehen sollen.
In manchen Situationen ist es ausgeschlossen, einen Fauxpas sofort wiedergutmachen zu wollen, und es ist wohl nicht ganz abwegig anzunehmen, daß Sie hin und wieder auch zu sprachlos, entsetzt, eingeschüchtert, verlegen, verwirrt, müde oder beschwipst sind, um mehr tun zu können, als zutiefst schockiert in die verschwommenen Gesichter rundum zu starren. Wenn etwas Derartiges geschieht, sollten Sie jeden Rettungsversuch auf später verschieben. Falls Ihnen das Warten schwerfällt, sollten Sie daran denken, daß Sie den Schaden beheben können und beheben werden, wenn Sie den oder die Betreffende das nächste Mal sehen.
Wenn Sie Ihre Entschuldigung, Ausrede, Erklärung – was auch immer – bis zur nächsten Begegnung verschieben, wird sich zum einen die Empörung über Ihren Fauxpas ein wenig gelegt haben (selbst wenn Sie die Person schon am folgenden Tag wiedersehen), zum zweiten ist die Atmosphäre nicht mehr so emotional aufgeheizt. Das macht es einfacher, die Wunde zu heilen oder den schlechten Eindruck auszumerzen, den Sie hinterlassen haben. Wenn Sie Ihren Fauxpas nachträglich wiedergutmachen wollen, ist

der beste Weg immer ein persönliches Gespräch, weil Sie dabei sofort sehen, ob Ihre Ausrede oder Entschuldigung richtig ankommt, und Sie andernfalls Ihr Verhalten und Ihre Worte ändern können. Es ist auch beiläufiger als die folgenden drei Methoden.

Telefonieren

Wenn der Fauxpas schlimm genug war, um es zu rechtfertigen, oder Sie einfach die ganze leidige Sache schnell hinter sich bringen wollen, können Sie Ihr Opfer anrufen und sich telefonisch in den Staub werfen, lügen oder erklären. Hätte Katrin Fred vor ihrer Abreise nicht mehr gesehen, hätte sie das als erstes von zu Hause aus getan. Das verlangt einigen Mut und macht etwa so viel Spaß wie eine Wurzelbehandlung, meist aber lohnt es die Mühe, und es wird Ihnen danach bessergehen.

Wenn ich um meinen Fauxpas nicht viel Aufhebens machen möchte – und den Verdacht habe, daß niemand außer mir ihn bemerkt hat –, rufe ich den oder die Betreffende unter einem Vorwand an und bringe dann das Gespräch so beiläufig und so vage, wie ich es irgend bewerkstelligen kann, auf den Fauxpas. Wenn die Gegenseite auf keine meiner Andeutungen reagiert, schätze ich mich glücklich und lasse die Sache auf sich beruhen.

Brieflich

Diese nachträgliche Praktik ist etwas altmodisch, funktioniert aber oft sehr gut. Viele Menschen sind geradezu gerührt, wenn sie einen handgeschriebenen Brief bekommen, in dem etwa folgendes steht:

»Ich schreibe an Sie mit der Bitte um Verzeihung, da ich befürchte, Sie am vergangenen Dienstag bei Sotheby's gekränkt zu haben. Auch wenn das keinesfalls absichtlich geschah, habe ich mich doch äußerst schlecht benommen. Ich bedaure dies zutiefst.«

Denken Sie bitte daran, daß ein derartiger Brief heute als überaus förmlich gilt (so sehr, daß man Ihre Zeilen für Ironie halten könnte), und daß Sie etwas, das Sie geschrieben haben, nie mehr zurücknehmen können. Witzige Entschuldigungskarten – mit vorgedrucktem Innentext – sind eine andere Sache. Sie sind für nachträgliche Entschuldigungen hervorragend geeignet, da sie nicht so förmlich sind und passend zu dem speziellen Fall gewählt werden können. Sie müssen nur ein paar Worte dazuschreiben, zum Beispiel: »Meine vorwitzige Bemerkung von gestern abend tut mir wirklich leid.«

Ein Geschenk

Bei einem wirklich furchtbaren Fauxpas sollten Sie erwägen, dem Geschädigten etwas zu schenken, eine Gepflogenheit, die man auch Bestechung nennt. Für die Dame, der Sie vor fünfzig Zuschauern versehentlich die Perücke heruntergerissen haben, ist ein teurer Blumenstrauß möglicherweise die einzig angemessene Strategie (aber bitte keine roten Rosen, das wäre zu romantisch). Bei anderen, weniger blamablen Vorfällen können Sie sich ein Geschenk überlegen, das zu Ihrem Fauxpas paßt. So habe ich einmal jemandem einen hübschen Füllfederhalter geschenkt, nachdem ich eine teure Leinentischdecke mit Tintenflecken verdorben hatte. (Schreiben Sie niemals

Ihre Adresse auf ein dünnes Stück Papier, das direkt auf dem gedeckten Eßtisch liegt!) Dazu schrieb ich: »Bei unserem nächsten Treffen werde ich mein weißes Abendkleid tragen, und Sie können mich mit Tinte bespritzen. Ich bedaure mein Mißgeschick und den Fleck auf Ihrer schönen Tischdecke sehr – bitte verzeihen Sie mir.«

Fauxpas-zifisten: Helden des Gesellschaftslebens

Wenn es etwas gibt, wobei mir warm ums Herz wird, dann ist es der Anblick eines Fauxpas-zifisten oder Fauxpas-Engels am Werk. Ein Fauxpas-zifist ist jemand, der als Unbeteiligter einen Fauxpas mitbekommt, ihn richtig einschätzt und selbstlos eingreift, um die Situation zu retten. Oft ist natürlich das Opfer selbst so freundlich, dem Ungeschickten, dem der Fauxpas passiert ist, aus der Patsche zu helfen, aber es ist doch etwas ganz anderes, wenn einem jemand zu Hilfe eilt, der nichts mit der Sache zu tun hat. Diese Menschen sind nichts weniger als Heldinnen und Helden des gesellschaftlichen Lebens.

Vor einigen Jahren standen meine Freundin Amy und ich in der Upper East Side von Manhattan in einer langen Schlange vor einer Kinokasse. Wir waren in ein sehr intensives Gespräch vertieft. Wenn Sie in New York leben, sind Sie es gewohnt, inmitten von Wildfremden über die intimsten Einzelheiten Ihres Lebens zu sprechen, denn wenn Sie das nicht täten, könnten Sie nirgends mehr ein Wort sagen, Ihre eigene Wohnung ausgenommen. Fremde sind für Sie Menschen, aber auch Teil der Kulisse; mit der Zeit denken Sie nicht mehr daran, daß in der U-Bahn zwanzig Leute jedes Ihrer Worte mithören. Das kann leider hin und wieder zu Problemen führen – in diesem Fall fingen sie damit an, daß ich eine der Grundregeln zur Vermeidung von Fauxpas vergaß (siehe zweites Kapitel): *Seien Sie sich immer darüber im klaren, wer Sie hören kann.*

Ich berichtete Amy in allen Details von einem Abend, den ich mit einem ausgesprochen aufregenden Mann verbracht hatte. (Er arbeitete an der Börse, konnte aber auch kochen und war nebenbei Yogalehrer.) Ich sagte gerade: »Richard ist wirklich nett, er hat keine Macken und geht mir nicht auf die Nerven, nur eins macht mich stutzig: Seine Freunde, die ich auf dieser Party kennengelernt habe, sind alle *unglaubliche* Langweiler«, da drehte ich mich zufällig um und sah jemanden, der mir vage bekannt vorkam. Es war natürlich niemand anderes als einer dieser *unglaublichen Langweiler*. (Wann werde ich endlich lernen, daß New York ein großes Dorf ist?) Ich zweifelte keine Sekunde daran, daß er mich gehört hatte; er wirkte verletzt und verärgert, und als ich ihn ansah, drehte er sich weg.

Als mir klar wurde, daß ich ihn nicht nur beleidigt hatte, sondern er auch mit angehört hatte, wie ich des langen und breiten über seinen Freund geschwärmt hatte, war mein erster Impuls, so lange mit dem Kopf gegen die Mauer zu rennen, bis ich ohnmächtig umfalle. So sank ich nur Amy an die Schulter und schloß die Augen, zu entsetzt, um einen Fauxpas-moi oder eine der anderen Strategien zu versuchen. Obendrein standen wir in einer Schlange, ich konnte also nicht einmal blitzschnell verschwinden.

Zu meinem großen Glück meldete sich plötzlich die Frau zu Wort, die offenbar zu dem »Langweiler« gehörte. »Verzeihen Sie«, sagte sie und tippte mir an die Schulter. Ich hatte keine Wahl, ich mußte mich umdrehen. »Ich glaube, wir haben uns am Samstag auf der Party kennengelernt.« Sie lächelte und sprach völlig ruhig weiter. »Ich habe zwangsläufig mitgehört, was Sie gerade sagten – wissen Sie, große Partys können schrecklich langweilig sein, vor allem, wenn man niemanden kennt.« Sie lächelte wieder. Der Langweiler und ich hingen an ihren Lippen; sie war unsere Retterin. Dann lachte sie sogar und sagte: »Und ganz besonders, wenn Sie mit jemandem zusammen sind, den Sie kaum kennen und gern näher kennenlernen möchten. Richard ist ausgesprochen nett, nicht wahr?« Ich wurde rot, aber lächelte sie dankbar an. Dann deutete sie auf den Langweiler. »Kennen Sie Paul?« Ich wurde noch röter und murmelte: »Ich weiß nicht genau.« Ich stellte Amy vor, dann bugsierte uns die wunderbare Fauxpas-zifistin, die, wie sich zeigte, Laila hieß, in eine nette Unterhaltung zu viert. Paul war anfangs steif, aber ich bemühte mich, besonders freundlich zu ihm zu sein und mich an allem, was er sagte, interessiert zu zeigen. Als die Schlange weiterrückte, hatte ich bereits das Gefühl, daß Paul nicht mehr glaubte, daß ich ihn für langweilig hielt, daß er wußte, daß ich kein totaler Idiot war, und auch nicht umgehend zu Richard laufen und ihm sagen würde, ich sei einer. Angesichts der Schwere des Fauxpas war ich äußerst glimpflich davongekommen – und das hatte ich ausschließlich Laila zu verdanken.

Laila war eine Meister-Fauxpas-zifistin. Nur wenige Menschen haben die Gabe, eine Situation wie die gerade beschriebene mit soviel Feingefühl und Großzügigkeit auflösen zu können. Die meisten Fauxpas-zifisten sind nicht ganz so geniale, aber doch bewundernswerte Menschen, wenn sie anderen mit einem einfach erklärenden Satz aus dem Fettnapf heraushelfen. (»Hör' nicht auf Charly; er ist gerade Vater geworden und schläft seit der Geburt etwa fünf Minuten pro Nacht.«) Ein Fauxpas-zifist springt bei einer Vorstellungsrunde für den ein, dem gerade der Name oder der Beruf entfallen ist. Eine andere verbreitete Fauxpas-zifist-Methode ist es, für Ablenkung zu sorgen: Dieser Engel mischt sich ein, wenn er sieht, daß jemand in der Klemme ist, indem er die peinliche Stille durch abrupten Themenwechsel oder einen witzigen Kommentar beendet. Wenn jemand so viele Fauxpas begeht wie ich, sind alle Varianten des Fauxpas-zifismus ein Geschenk des Himmels. Mit der Freundlichkeit von Fremden – und ein paar eigenen Tricks – sind die Stolpersteine, die Ihnen das Schicksal in den Weg legt, nur halb so schlimm.

4.
Fettnäpfe ohne Ende
Ein Rettungsanker für jede Fauxpas-Situation

Ich habe festgestellt, daß es ausgesprochen klug ist, neben den Grundtechniken der Fauxpas-Wiedergutmachung einige spezielle »Rettungsanker« für spezielle Zwangslagen parat zu haben – das sind Sätze, Kommentare oder Scherze, mit deren Hilfe Sie aus dem Fettnapf herauskommen, in dem Sie gerade bis zu den Knien stehen. Zum einen fällt es manchen Menschen leichter, sich statt einer ganzen Strategie einen Satz zu merken. Zum anderen unterläuft manchen Menschen ein bestimmter Fehler, beispielsweise beim Vorstellen, immer wieder, so daß sie in ähnlichen Situationen den gleichen Satz (mit kleinen Varianten) immer wieder benutzen können.

Für jeden der folgenden Fauxpas käme natürlich auch eine der bereits erläuterten Strategien in Frage, aber manchmal ist es wunderbar, in der Sekunde nach einem Fauxpas, wenn in Ihrem Kopf absolute Leere herrscht, einen auswendig gelernten Standardsatz parat zu haben, für den Sie nicht allzuviel nachdenken müssen. Falls Ihnen keiner der Rettungsanker gefällt oder zu Ihnen paßt, sollten Sie sich einige für Ihre persönlichen Situationen maßschneidern. (Bitte denken Sie daran: Wiedergutmachung ist meist nur bis zu einem gewissen Grad möglich. Diese Sätze können helfen, die Wucht des Fauxpas zu mildern und ihn mit Anstand zu überstehen – sie tragen dazu bei, die Atmosphäre zu entspannen, die allgemeine Verlegenheit zu dämpfen, die Taktlosigkeit zu mildern. Sie werden sich danach etwas besser fühlen, aber hoffen Sie nicht auf Wunder. Sie können die Zeit nicht zurückdrehen.)

Guten Tag, Auf Wiedersehen: Verpatzte Begrüßungen, mißlungene Abschiede

Begrüßungen

Allein der Gedanke an Vorstellungssituationen treibt vielen Menschen Schweißperlen auf die Stirn. Namenspatzer bei einer Vorstellung sind ein derart geläufiger Fauxpas, daß es für diesen Mangel an sozialer Eleganz sogar einen Fachausdruck gibt: Dysnomnesie. Dysnomnesie befällt von Zeit zu Zeit jeden. (Mich allerdings überdurchschnittlich oft: Das geht so weit, daß ich mich einmal Erica Jong als Erica Jong vorgestellt habe. Sie hätten ihr Gesicht sehen sollen!) Entweder fällt Ihnen der betreffende Name nicht ein oder Sie ordnen die Person falsch zu (z. B. »und das ist ihr Ehemann«, obwohl die beiden, auf die Sie gerade zeigen, nicht miteinander verheiratet sind), oder Sie sind schon mitten im Gespräch, bevor Sie bemerken, daß Sie Ihren Gesprächspartner mit jemandem verwechselt haben.

Wie immer Ihr Begrüßungs-Fauxpas ausfallen mag, eins ist sicher: Je wichtiger es ist, daß Sie es richtig machen, um so wahrscheinlicher ist es, daß Sie es falsch machen. Ob Sie also gerade den Namen Ihres Chefs oder Ihren eigenen vergessen haben, hier ein paar Sätze, um die Lage zu entspannen:

Rettungsanker

»Ach, das ist mir wirklich unangenehm. Sie müssen wissen, ich habe eine Namensstörung, die man Dysnomnesie nennt. Wirklich. Ich war deswegen bei einem Spezialisten, Dr. ... Dr. ... wie heißt er nur gleich.«

»Ich hatte schon immer ein schlechtes Namensgedächtnis, das ist eine Familienschwäche. Bei unseren Familienfesten begrüßen sich alle nur mit ›Na, du!‹.«

»Au wei, ich fürchte, ich habe Sie mit Bob Tompkins verwechselt. Aber wer weiß, vielleicht sollten wir uns begegnen! Es heißt doch, daß es keine Zufälle gibt, oder?«

Abschiede

Am Ende einer Unterhaltung stehen die Fettnäpfchen weniger dicht gedrängt, aber gelegentlich tritt man doch in eines. Vielleicht sagen Sie: »Es hat mich sehr gefreut, Ihre Bekanntschaft gemacht zu haben«, obwohl Sie die Betreffende schon mehrfach getroffen haben und eigentlich »Es hat mich sehr gefreut, Sie wiederzusehen« sagen wollten. Sie machen sich zum Narren, wenn Sie sich nach einer Abendessen-Einladung mit den Worten verabschieden: »Vielen Dank. Das Essen und die Tränke waren wunderbar.« Ein Freund von mir telefonierte mit seinem Vater, und als er sich verabschieden wollte, fiel ihm nicht mehr ein, wie dessen neue Ehefrau hieß. Er kam bis »Und Grüße an …« und blieb dann peinlicherweise mitten im Satz hängen. Ich habe häufig einen völligen Blackout, wenn ich mich von einem Mann verabschiede, mit dem ich zum erstenmal ausgewesen war. (Einmal murmelte ich: »Wir sehen uns ja morgen«, obwohl wir nichts dergleichen vereinbart hatten.)

Wie stets, ist auch hier die Fauxpas-Gefahr größer, wenn Sie beschwipst, nervös oder verlegen sind. Es folgen einige erprobte Aufwiedersehen-Fettnäpfchen-Rettungsanker zum Ausprobieren:

Rettungsanker

»Sagte ich gerade: ›Ich freue mich, Ihre Bekanntschaft gemacht zu haben?‹ Ich meinte natürlich: ›Schön, Sie wiedergesehen zu haben.‹ Das kommt wohl daher, daß ich unsere Gespräche immer so interessant finde, als unterhielten wir uns zum erstenmal.«

»Ich glaube, ich sollte jetzt wirklich *gehen.«*

»Wissen Sie, vielleicht sollte ich noch ein bißchen bleiben und weitertrinken, damit ich mich wirklich *blamieren kann.«*

»Ich verabschiede mich so ungern von dir – ich dachte, ich begehe einen Fauxpas, um es herauszuzögern.«

Du siehst ja schön aus: Aussehens-Fauxpas

Kommentare über das Aussehen einer Person sind gefährlich – sie sind das Kunstspringen im Pool der Gesellschaft.

Selbst nach einem vermeintlich sicheren »Sie sind schlank geworden!« kann jemand in Tränen ausbrechen, wenn der Grund für den Gewichtsverlust eine schwere Krankheit ist. (Wenn Sie das nicht wußten, ist es *strenggenommen* kein Fauxpas. Aber es liegt in der Natur der Bemerkungen über das Aussehen, daß sie *immer* an der Grenze zum Fauxpas sind.)

Selbst scheinbar arglose Sätze können sich als Beleidigung entpuppen. So begrüßte ich die Mutter eines Freundes bei dessen Hochzeit mit den Worten: »Sie sehen heute so gut aus« und verbrachte dann einige Zeit damit, zu beteuern, sie sehe natürlich *immer* gut aus, aber zu diesem großen Ereignis sehe sie *besonders gut* aus. Viel schlimmer war ein Vorfall, den ich selbst miterlebte: Eine Bekannte namens Miriam machte eine Frau darauf aufmerksam, sie habe ein Schmutzfleckchen auf der Stirn – eine als hilfreich gedachte Bemerkung, damit sie den kleinen Schönheitsfehler rasch abwischen konnte. Die Angesprochene wurde tiefrot und sagte zu Miriam, es handele sich um Schorf.

Häufig als Bauchlandung enden Bemerkungen über: Schwangerschaft, Gewicht, Haare, Auffälligkeiten im Gesicht und an der Kleidung sowie jede Bemerkung über alles, was sich in Ihrer unmittelbaren Umgebung befindet (z. B. »Wer hat denn diesen ekligen Kuchen gemacht? Ach wirklich? Entschuldigen Sie.«).

Rettungsanker

»Verzeihen Sie mir. Ich brauche eine neue Brille. Und einen Satz neuer Manieren.«

»Es tut mir sehr leid, man sieht es kaum. Ich wollte einfach nur ein Gespräch anfangen, Sie merken ja, wie ungeschickt ich darin bin.«

»Jetzt hör doch mal zu: Ich schwöre, *daß du nicht die Figur einer Schwangeren hast. Es ist dein* Gesicht *– du strahlst so, und ein solch inneres Glühen habe ich bisher nur bei Schwangeren gesehen.* Also *… was macht dich so glücklich?«*

»Sie haben das [Kuchen, Salat o. ä.] gemacht? O Gott, *ist mir das peinlich. Um die Wahrheit zu sagen, ich verstehe überhaupt nichts von* Essen *– Sie können alle meine Freunde fragen. Wissen Sie, ich ernähre mich praktisch aus Dosen und von Hamburgern. Ich würde nicht einmal merken, wenn das der beste [Kuchen, Salat o. ä.] der Welt wäre.«*

»Das klang jetzt etwas schief. Bitte glauben Sie mir, ich habe es wirklich als Kompliment gemeint.«

Die Gastgeberin teilt aus

Ich schaudere, wenn ich an einiges zurückdenke, was ich auf meinen eigenen Festen gesagt oder getan habe. Ich habe zwar nie mit einem Lampenschirm auf dem Kopf auf dem Couchtisch getanzt, ich habe aber beispielsweise den ersten Gästen, die zu einer Cocktail-Party kamen, meine Befürchtung mitgeteilt, »daß niemand kommt«. (Und was sind *sie*? Legosteine?) Ich habe auch Gästen Schuldgefühle gemacht, wenn sie früh gingen (»Ach nein, Ihr geht doch nicht *jetzt schon*!«). Und einmal habe ich zu einer Party neben einem Freund und dessen neuer Frau auch seine noch immer leidende, von ihm verlassene Ex-Freundin eingeladen. (Keine gute Idee, das können Sie mir glauben.)

Andere Gastgeber-Fauxpas sind: Zwei Leute zu einem Abendessen einzuladen, ohne daran zu denken, daß Sie einmal – mit spektakulärem Mißerfolg – versucht haben, die beiden zu verkuppeln; versehentlich einen Gast wissen zu lassen, daß er eigentlich nicht eingeladen war; einem trockenen Alkoholiker ein Glas Wein aufdrängen zu wollen; über Partys zu sprechen, die Sie gegeben haben und zu denen einige der Anwesenden nicht eingeladen waren.

(Anmerkung: Bei einigen Gastgeber-Fauxpas ist es ratsam, sich erst nachträglich zu entschuldigen, vor allem, wenn Sie die falschen Leute zusammen eingeladen haben. Lenken Sie während des Ereignisses die Aufmerksamkeit auf Ihren Patzer, dann machen Sie alles nur noch schlimmer.)

Rettungsanker

»Ich bin eine furchtbare Gastgeberin. Wenn ich ein Fest gebe, bin ich ein Nervenwrack.«

»Ich freue mich so darüber, daß so viele meiner Freunde hier sind, daß ich nicht mehr weiß, was ich rede.«

(Nachträglich) *»Ich möchte mich bei dir für die Taktlosigkeit bei der Zusammenstellung unserer Gästeliste entschuldigen. Ich erfuhr zu spät, daß mein Mann ihn eingeladen hatte, obwohl* *wir natürlich dich unbedingt einladen wollten. Bedauerlicherweise war es nicht mehr möglich, ihn wieder auszuladen.«*

Gäste-Fauxpas

Oft sind die Gastgeber perfekt, aber die Gäste benehmen sich daneben. Ich weiß von einem Fall, wo acht Gäste um sieben Uhr zum Abendessen eingeladen waren und der erste um viertel nach acht kam! Bei einem anderen Abendessen, zu dem ich selbst eingeladen war, waren tatsächlich einige Gäste so schlecht erzogen, sich darüber zu mokieren, daß der Gastgeber als Hauptgericht Reis und Bohnen serviert. Einmal sagte ein Freund, der ein paar Tage bei mir wohnte, er werde für mich und vier Freunde kochen, und zwang mich dann, in die Stadt zu fahren, um Pastaschüsseln zu kaufen. (Nun weiß ich ein für allemal, daß ein italienischer Mann sich weigert, Pasta auf normalen Tellern zu servieren.) Manchmal platzt jemand uneingeladen und unangemeldet herein und stiehlt Ihnen die Zeit, obwohl Sie gerade damit kämpfen, das Arbeitszimmer zu tapezieren. Und dann gibt es noch den geradezu klassischen Fall: Ein Gast kommt zu Ihrem Fest, betrinkt sich sinnlos und beginnt, Sie und/oder Ihre Freunde zu beleidigen oder Ihre Einrichtung zu demolieren.

Falls Sie sich einen Gäste-Fauxpas dieser Größenordnung haben zuschulden kommen lassen, wäre es angebracht, am nächsten Tag Blumen oder ein anderes Geschenk zu schicken und ein paar Zeilen dazu zu schreiben. Und denken Sie daran: Zuviel Alkohol ist quasi eine Garantie dafür, daß Sie früher oder später im Fettnapf landen! Der Haken am Gäste-Fauxpas ist allerdings, daß der oder die Betreffende selten weiß, daß etwas schiefgelaufen ist. Folgendes also für die wenigen reumütigen Gäste:

Rettungsanker

»Ich bitte Sie, streichen Sie mich von allen weiteren Einladungen.«

»Das war sehr unhöflich, es tut mir leid. Darf ich zur Buße mit einer Zahnbürste deinen Küchenboden schrubben?«

»Ich bitte Sie, mich in Kürze zu besuchen, um bei mir eine Vase zu zerschlagen oder Rotwein auf den Teppich zu schütten.«

»Ein berühmter Satz lautet: ›Ein Gastgeber gleicht einem General. Sein Genie erweist sich erst bei einem Zwischenfall.‹ Ich fürchte, jetzt ist Ihr Genie gefragt.«

(Indem Sie sich selbst ohrfeigen) *»Böser Gast! Böser, böser Gast!«*

»Ich bitte Sie um Verzeihung. Man sollte mir den Umgang mit normalen Menschen nicht gestatten.«

»Es tut mir furchtbar leid. Wenn ich das nächste Mal ein Fest gebe, darfst du *es ruinieren.«*

»Ich wollte meinen Teil dazu tun, dein Fest unvergeßlich zu machen.«

Ich gestehe gern, daß es mich überhaupt nicht interessiert, wann man was schenken sollte, wie lange nach einer Hochzeit oder einer Geburt man ein Geschenk gemacht haben muß, auf welche Art man sich dafür bedankt usw. Furchtbar allerdings kann es werden (und deswegen müssen wir unbedingt darüber sprechen), wenn beim Überreichen eines Geschenkes etwas Unerwartetes und Peinliches passiert.

Schenken ist *per se* äußerst fauxpas-anfällig, weil so viele Gefühle damit verbunden sind. Daher halten sich Schenkende wie Beschenkte meist an gängige, einfallslose, aber sichere Geschenk-Sätze wie »Ich hoffe, es gefällt dir« oder »So ein wunderbares Geschenk! Vielen, vielen herzlichen Dank!« Bedauerlicherweise ist diese hohe Gefühlsintensität auch der Grund, warum solche klugen Regeln oft außer acht gelassen werden. Wenn man nervös oder aufgeregt ist, plappert man sich nur allzu leicht um Kopf und Kragen. So leistete sich unlängst meine Freundin Irene einen der schlimmsten Geschenk-Fauxpas, den es überhaupt gibt. (Sie schwört, daß Sie daraus gelernt hat und diesen Fehler nie wieder machen wird.)

Es war ein Fest anläßlich einer Geburt. Nachdem die Mutter Irenes Geschenk ausgepackt hatte, begann Irene, sich lauthals und ausführlich über die »furchtbaren, unglaublich angeberischen« Christian Dior-Babysachen auszulassen, die sie beim Einkaufen gesehen hatte, und daß »doch wohl kein vernünftiger Mensch auf den Gedanken kommt, für ein Baby solch völlig überteuerte Statusklamotten zu kaufen«. Sie hörte gar nicht mehr auf, wie das eben manchmal so geht. Als dann eine halbe Stunde später der unvermeidliche Christian Dior-Strampelanzug ausgepackt wurde, drehte Irene sich zu der Frau, die neben ihr stand, und sagte leise: »Ich wünschte, Gott würde mich jetzt zu sich nehmen.«

Geschenk-Fauxpas können dem, der ein Geschenk erhält, ebenso unterlaufen wie dem, der es macht. Manchmal verraten Sie, ohne es zu wollen, daß Sie einen solchen Gegenstand bereits besitzen, daß er Ihnen nicht gefällt oder Sie ihn nicht benutzen werden. Einmal ist es mir tatsächlich passiert, daß eine von mir Beschenkte sagte, sie habe gelesen, das Geschenk, das sie gerade von mir bekommen hatte, sei gesundheitsschädlich, ich möge es wieder ins Geschäft bringen und mein Geld zurückverlangen! Manchmal rutscht es dem Schenkenden heraus, daß er für das Geschenk nicht viel bezahlt hat, daß er es selbst geschenkt bekommen hat und an Sie weiterverschenkt (das nennt man Geschenk-Recycling), oder auch, daß *Sie* den Gegenstand ja schön finden mögen, er sich etwas Derartiges aber nie in die Wohnung stellen würde! Andererseits kann auch die freundlich gemeinte Antwort des Beschenkten »Danke! So etwas hätte ich mir *nie* selbst gekauft!« völlig falsch ankommen. Einmal erlebte ich eine mittlere Katastrophe, als jemand ein Geschenk auspackte und freudig ausrief: »Oh, ich habe eine Kollegin, die das ganz toll findet!«

Denken Sie daran, bevor Sie sich für eine dieser Rettungsanker entscheiden, daß hier der Fauxpas-moi (Seite 73) oft die beste Strategie ist.

Rettungsanker

(Für Beschenkte) *»Wickele mich bitte in das Geschenkpapier ein und schicke mich per Nachnahme an das Knigge-Institut für Umgangsformen.«*

»Ich bin so froh, dich zu kennen. Du machst mir immer so wunderbare, interessante Geschenke, und das, obwohl ich immer so eigenartig reagiere.«

»Also jetzt, wo ich es mir genau ansehe ... jetzt sehe ich erst, wie außergewöhnlich es ist. Ich freue mich schon darauf, es zu benutzen [tragen, aufzuhängen, essen].«

(Nach der Bemerkung »Ich habe eine Kollegin, die das ganz toll findet!«) *»Ich kann es gar nicht erwarten, es ihr zu zeigen ... Sie wird grün vor Neid!«*

(Für Schenkende) *»Aber es ist einfach nichts für mich. Ich bin leider nicht so attraktiv [kreativ, mutig, experimentierfreudig, traditionsbewußt] wie du. Aber ich kann mich daran freuen, wenn du es hast!«*

»Das Dior-Strampelhöschen ist wirklich süß! Ich weiß nicht, was ich eigentlich wollte. Ich glaube, ich hatte Schuldgefühle, weil ich es nicht selbst gekauft habe. Ich bin in Modesachen immer so unsicher.«

»Nein ... ich wollte damit nicht sagen, daß ich nicht viel dafür bezahlt habe. Ich wollte sagen, daß ich mich vorher umgesehen und es dann günstig bekommen habe.«

Der Ausdruck *faux pas* bezeichnete ursprünglich (im 17. Jahrhundert) den »Fehltritt« einer Frau und wurde erst später auch für Fehltritte weniger intimer Natur benutzt. Heute gibt es eine breite Palette möglicher Schlafzimmer-Fauxpas: unschmeichelhafte Kommentare über die Anatomie Ihres Partners bzw. Ihrer Partnerin ebenso wie die Peinlichkeit, daß Ihnen im ungeeignetsten Augenblick der falsche Name über die Lippen kommt. Viele Bett-Schnitzer sind so beschämend (und das auf überaus intime Weise), daß sie hier nicht näher erörtert werden können. Natürlich können sexuelle Fauxpas auch außerhalb des Schlafzimmers passieren; so, wenn jemand ganz Ungeeignetes (wie eine Nonne oder Ihr Hausmeister) zufällig mitanhört, wie Sie über Sex reden.

Sexuelle Fauxpas gleich welcher Art sind besonders demütigend, weil (bedauerlicherweise) dieser Bereich sowieso schon mit soviel Scham und Verlegenheit beladen ist. Das macht es so schwierig, einen Fauxpas wiedergutzumachen. Nicht ganz so schrecklich sind Mißverständnisse und Zweideutigkeiten, die sicherlich die Hälfte aller sexuellen Fauxpas auf der Welt ausmachen. Manche können ausgesprochen peinlich sein, andere hingegen geradezu niedlich. Als meine Mutter jung verheiratet war, wollte ein väterlicher Freund ihres Mannes wissen, wie ihr das Eheleben gefalle. Sie sagte, es sei wunderbar, und als er fragte, ob es dem jungen Ehemann denn ebensogut gefalle, antwortete sie – nervös und etwas übereifrig: »O ja, und ich bemühe mich ja auch sehr, ihn bei der Stange zu halten.« Daraufhin wurde meine Mutter rot, und der Herr mußte so sehr hu-

sten, daß er fast erstickte. (Sie sehen, meine Neigung zu Fauxpas ist offensichtlich vererbt.)
Ein nicht ganz so charmanter Fehler unterlief einem Freund von mir, als er zum ersten Mal die Eltern seines Liebhabers Clemens besuchte. Die Situation war für alle Beteiligten schwierig, weil Clemens sich erst kurz zuvor seinen Eltern offenbart hatte, die darüber nicht sehr begeistert waren. Dennoch überließen sie ihrem Sohn und dessen Freund großzügig das schönste Gästezimmer mit einem großen Doppelbett und einem wertvollen handgenähten Quilt als Zudecke.
Am Tag nach deren Ankunft ging die Mutter zum Gästezimmer, um sicherzustellen, daß es dem Paar an nichts fehlte. Mein Freund war verzweifelt bemüht, einen guten Eindruck zu machen, daher öffnete er die Tür, lächelte sehr freundlich und sagte: »Oh, Frau X, Ihr Quilt macht uns so viel Freude!«

Rettungsanker (für Zweideutigkeiten)

(Nach einem Lachen) *»Ich glaube, das war genau das, was man eine Zweideutigkeit nennt. Dabei meinte ich es doch ganz eindeutig!«*

»Oje. Vielleicht sollte ich bei einer dieser Telefonnummern arbeiten, für die nachts Reklamespots laufen.«

»Ich weiß, daß nach Freud Versprecher immer etwas bedeuten, aber ich schwöre, daß ich es nicht so gemeint habe, wie es klang.«

Rettungsanker (nach einem Fauxpas im Bett)

»Nein, Liebling, wirklich, das habe ich nicht gesagt. Du halluzinierst. Ich habe letzthin gelesen, daß das [Männern/Frauen] beim Sex ganz oft passiert.«

»Das war der Name meiner vierten Frau. Oder war es die dritte?«

»Entschuldige, Sex macht mich ganz wahnsinnig. Ich weiß nicht mehr, was ich sage.«

»Was erwartest du? Das Blut ist mir aus dem Kopf du-weißt-schon-wohin geschossen.«

»Ich will nur sehen, ob du mich liebst. Wenn du danach nicht aufstehst und auf Nimmerwiedersehen verschwindest, ist es wahre Liebe.«

»Mein Mund sagt eine Sache, aber mein Herz – ach Liebling, mein ganzer Körper – sagt doch etwas ganz anderes.«

(Nach einem Fauxpas nichtverbaler Natur) *»Oje, es tut mir leid. Das hätte ich nicht versuchen sollen. Ich wollte dich mit einer wilden Idee beeindrucken.«*

»Oh, das war dein Haar? Ich dachte, du schreist vor Lust.«

Ich habe eine Zeitlang in einem Büro gearbeitet, wo alle Angestellten ziemlich rüde redeten. Ich war so an »Sch ...« gewöhnt, daß ich mich, wenn ich meine Familie besuchen fuhr, im Zug regelrecht zur Ordnung rufen mußte – es hätte sie furchtbar schockiert, ja, sie hätten vermutlich wegen meines grauenhaften New Yorker Slangs Ohnmachtsanfälle bekommen.

Ganz grundsätzlich ist es ratsam, nicht zu fluchen – niemals. Wie einmal jemand sagte: »Fluchen ist für jene, die nicht die Worte finden, sich auszudrücken.« Zumindest sollten Sie, bevor Sie »anzügliche« Begriffe benutzen, ganz sichergehen, daß die Gesellschaft, in der Sie sich befinden, das erträgt. Wenn Sie in der falschen Situation Flüche ausstoßen (sagen wir bei einem Geschäftsessen oder einem Gottesdienst), ereilt Sie vielleicht plötzlich das Gefühl, gebrandmarkt zu sein – moralisch vernichtet und in Todesangst, daß jeden Augenblick wütende Dorfbewohner über Sie herfallen und Sie steinigen werden. Wenn Sie sprachlich schwer danebengreifen, verletzten Sie ein gesellschaftliches Tabu.

Es gibt andere Arten, sich sprachlich vorbeizubenehmen, die einer Tabuverletzung sehr nahe kommen. Meine Freundin Maria unterhielt sich einmal mit einem Tischnachbarn über Karate. Er versuchte, ihr die Wirkung eines harten Karatetritts zu erklären, und Maria, die das sehr interessiert, fragte ihn vor vielen Leuten, worin sich die Wirkung eines Karatetritts in die Magengrube von einem normalen Tritt in die Hoden unterscheide. Es entstand eine

lange Stille am Tisch, bis er ihre Frage beantwortete. (Ein Karatetritt in die Magengrube ist ebenso schmerzhaft, Sie werden davon aber sofort bewußtlos.) Maria ging zu spät auf, daß für die Gesellschaft, in der sie sich befand, Hodentritte kein klug gewähltes Thema waren.
Ob Sie eine der feinen Grenzlinien zu »unmoralischem« Verhalten verletzt haben, ist äußerst subjektiv – es hängt davon ab, wo Sie sind. Das sollten Sie bei den folgenden Rettungsankern bedenken.

Rettungsanker

»Bitte entschuldigen Sie! Mein Chef [Mann/Freund/meine Ehefrau/Geschäftspartnerin] flucht unentwegt, ich fürchte, ich habe diese schlechte Angewohnheit übernommen. Das muß *ich mir unbedingt abgewöhnen!«*

»Woher kam das *denn? Ich glaube, eben ist eine Sekunde lang ein Geist in mich gefahren – offenbar der eines Bierkutschers.«*

»Ich wollte nur sehen, ob mir überhaupt jemand zuhört.«

»Du liebe Güte, das war jetzt aber ganz verkehrt! Würde bitte jemand Tipp-ex draufkippen?«

»Das habe ich doch eben nicht wirklich gesagt, oder? Würde bitte jemand Leukoplast holen, ich glaube, ich sollte mir den Mund verkleben.«

Der Arbeitsplatz ist ein sehr gefährlicher Ort für Fauxpas; wenn Sie zu viele gravierende Fauxpas begehen, könnten Sie Ihre Stelle los sein. Die meisten Berufs-Ausrutscher passieren während Vorstellungsgesprächen. So antwortete meine Schwägerin bei einem denkwürdigen Vorstellungsgespräch auf die Frage, welche Arbeitszeiten sie bevorzuge, sie wolle ein Teilzeitstelle, und dann sagte sie, in einem mißglückten Appell an weibliche Solidarität: »Glauben Sie mir, ich gehöre *nicht* zu den Frauen, die ihre Kinder leiden lassen, damit sie den ganzen Tag arbeiten können.« Die Personalchefin, selbst Mutter mit Ganztagsstelle, sah meine Schwägerin nur über die Brille an und ließ die Bemerkung auf sich beruhen. (Anmerkung: Benutzen Sie keinen der folgenden Rettungsanker bei einem Vorstellungsgespräch. Wenn Sie bei einem Erst-Interview einen Fauxpas begehen, übergehen Sie ihn am besten – siehe Fauxpas-moi Seite 73.) Berufliche Fauxpas passieren leicht, wenn Sie über Kollegen und Kolleginnen Vermutungen anstellen oder sich auf eine Weise benehmen, die für ein Büro, ein Geschäft usw. unangemessen ist. Sie halten den neuen Leiter Ihrer Klinik für einen Krankenpfleger (oder umgekehrt). Sie sagen einem Kollegen, wie sehr Sie seinen Weggang bedauern, bevor er von seiner Kündigung erfahren hat. Sie vergessen sich ganz und gar und plappern bei einer Besprechung heraus, daß Sie vergangene Nacht zum ersten Mal seit langem wieder mit jemandem geschlafen haben. (Und ich weiß von mindestens einem Mann, der am Fotokopierer dabei erwischt wurde, wie er sein Gesicht – schweigen wir von anderen Körperteilen – kopierte.)

Hier einige Sätze, die Ihnen helfen, einen schlimmen Fauxpas-Tag im Büro zu überstehen:

Rettungsanker

»Sie ahnen es schon, ich bin Vorsitzende des Komitees zur Verbreitung von Chaos.«

»Mir scheint, meine Fähigkeiten im Bereich zwischenmenschliche Kommunikation könnten ein Fortbildungsseminar vertragen.«

»Oh, ist mir das peinlich! Wahrscheinlich sollte ich Ihnen mein nächstes Monatsgehalt überweisen, um Sie zu versöhnen.«

(Nachdem Sie sich in Gegenwart Ihres Chefs danebenbenommen haben): *»Ich arbeite an meiner Beförderung.«*

oder

»Das ist vermutlich kein glücklich gewählter Moment, um über eine Gehaltserhöhung zu sprechen.«

Restaurant- und Essens-Fauxpas

Ich lebe seit dreizehn Jahren in Manhattan und gehe oft zum Essen aus. Ich habe Kellner umgerannt, Köche beleidigt und versehentlich das Essen anderer gegessen. Ich kann mich nie erinnern, wie mein Kellner oder meine Kellnerin aussehen, ich kann mir nicht einmal das Geschlecht merken. Ich habe oft einen Mann gefragt, ob er an unserem Tisch bedient, obwohl vorher schon mehrfach eine Frau dagewesen war. Einmal lud ich einen Freund anläßlich seines Geburtstags zum Essen ein, aber als die Rechnung kam, hatte ich vergessen, daß ich ihn eingeladen hatte, und präsentierte ihm dreist seinen Anteil. Ich habe erlebt, wie sich Gäste bei einem privaten Essen blamierten, indem sie einen Wein in der Annahme kritisierten, es handele sich um den, den *sie selbst* zum Essen beigesteuert hatten. Ich habe mit ungläubigem Entsetzen angehört, wie ein besonders tölpelhafter Tölpel einen Nachtisch als völlig ungenießbar bezeichnete, weil er glaubte, sein Jugendfreund habe ihn gemacht (mit dem er seit Jahrzehnten solche Scherze machte), während er in Wahrheit von dessen Frau stammte.

Es gibt Hunderte von Fauxpas, die wir machen können, wenn wir außer Haus essen; zum Glück eignet sich die Atmosphäre eines Restaurants oder eines Eßtischs besonders gut für gelungene Nach-Fauxpas-Sätze:

Rettungsanker

»Ich glaube, das kommt von den exotischen Sachen, die sie hier ins Essen tun.«

»Ach Gott, Sie wollten doch sowieso nicht mehr hierher kommen, oder?«

»Gib mir bitte keinen Wein [keinen Schokoladenkuchen] mehr. Er steigt mir zu Kopf.«

»Verflixt noch mal. Ich werde meine Geschäftsessen in eine andere Stadt verlegen müssen.«

»Wissen Sie, der Michelin-Führer hat eine Extra-Rubrik ›Restaurants, in denen sich [Ihr Name] nie mehr blicken lassen darf‹.«

»Ich kann mich fein anziehen, aber nicht fein ausgehen – jedenfalls nicht in ein Restaurant [zu einer Einladung zum Abendessen]!«

»Herr Ober, die Rechnung!«

Nervenschocks: Gesundheit und Krankenhaus

Nur wenige Orte auf der Welt sind nervenaufreibender als Krankenhäuser. Ich selbst mache eine Persönlichkeitsveränderung durch, sobald ich eins betrete. Ich werde paranoid, überempfindlich und bekomme weiche Knie. Nun verwandeln sich zwar nicht alle Menschen in ein solches neurotisches Bündel, aber die meisten sind in Krankenhäusern ausgesprochen fauxpasgefährdet, vor allem, weil sie wissen, daß sie nichts sagen oder tun dürfen, was die Kranken belastet. Selbst mein Freund Jeff, inzwischen Arzt, weiß von einem peinlichen Moment in einem Aids-Hospiz zu berichten, wo er eine Zeitlang gearbeitet hat.
»Ich trat ins Krankenzimmer, gab mir die größte Mühe, gutgelaunt und aufbauend zu sein, sah mich im Raum um und sagte: ›Na, das ist ja toll, ein Kleiderständer!‹ Es war natürlich kein Kleiderständer, sondern ein Infusionsständer. Ich hätte mich am liebsten zu dem Patienten ins Bett gelegt und ins Kissen geheult.«

Ich habe mehrfach (!) folgende Taktlosigkeit begangen: Ich sehe eine Frau auf Krücken und sage zu ihr: »Es ist doch sicher schrecklich, wenn man auf Krücken zur Arbeit gehen muß« (weil ich annahm, es sei eine vorübergehende Verletzung). Jedesmal handelte es sich um eine chronische und schwere Behinderung. Stellen Sie niemals Vermutungen an! Sie können nie sicher sein. Ich habe eine wirklich furchtbare Krankenhausgeschichte gehört von einer Frau, die sich auf der Entbindungsstation durch das Fenster die Neugeborenen ansah und zu einer Frau, die neben ihr stand, sagte: »Ist es nicht wie ein Wunder, daß sie so perfekt sind, daß sie mit Fingern und Fußzehen und allem, was dazugehört, auf die Welt kommen?« Sie ahnen es. Die Frau, mit der sie sprach, sagte: »Meins nicht.«

Rettungsanker

»Es tut mir leid, Krankenhäuser machen mich so nervös, daß ich nicht mehr weiß, was ich rede.«

»Ich versuche, dich mit meiner Unbeholfenheit zu amüsieren.«

»Ich wette, du sehnst dich danach, hier endlich herauszukommen, damit nicht noch mehr Leute zu dir kommen und dich kränken können.«

»Ich bin so froh, daß es dir bessergeht, daß ich vor Erleichterung wie benommen bin.«

»Vielleicht hätte ich lieber eine Karte schicken sollen.«

»Noch eine Valium?«

Mein Vater hat erzählt, mein Großvater habe, wenn das Telefon klingelte, abgehoben und immer »Was wollen Sie?« in den Hörer gebrüllt. Er war kein Tyrann, er war einfach nicht an das Telefon gewöhnt und wußte nicht recht, wie er damit umgehen sollte. Der Durchschnittsmensch in den Industrienationen verbringt inzwischen einen beträchtlichen Teil seines Lebens am Telefon, und die Gesprächsregeln sind denen einer persönlichen Unterhaltung sehr ähnlich. Sie können am Telefon im Grunde die gleichen Fauxpas begehen wie im direkten Gespräch. Einige sind allerdings dem Telefon vorbehalten. Das sind die Telefon-pas.

Die meisten Telefon-pas gehören in eine von drei Kategorien. Erstens können Sie zu einem Anrufer kurz angebunden oder sogar unhöflich sein, weil Sie glauben, der Anrufer wolle Ihnen etwas verkaufen oder Sie dazu befragen, welche Staubtücher Sie benutzen. Eine solche Verwechslung ist häufig die Folge davon, daß der Anrufer Ihren Namen falsch ausspricht. Es ist wirklich erstaunlich, wie herablassend und verächtlich Sie sein können, bevor Ihnen aufgeht, daß am anderen Ende – sagen wir – das Kanzleramt ist.

Die zweite Art Telefon-pas ist, etwas Idiotisches auf einen Anrufbeantworter zu sprechen. (Anrufbeantworter ziehen Fauxpas magisch an, weil Sie sofort reagieren und auf Band sprechen müssen, und weil Sie es *nie mehr* ungeschehen machen können. Ich finde, die meisten Fauxpas auf Anrufbeantwortern zählen eigentlich nicht, weil sie nahezu unvermeidbar sind.)

Die dritte Telefon-pas-Kategorie betrifft falsche Verbindungen, die zu lange dauern. Eine Frau, die ich für dieses Buch interviewte, erzählte mir, sie habe einmal ihren Freund zu seinem Geburtstag angerufen, und da er allein lebte, habe sie, als am anderen Ende abgehoben wurde, unverzüglich ein lautstarkes ›Happy Birthday‹ losgeschmettert und danach noch ein paar Zärtlichkeiten gesäuselt. Doch statt der erfreuten Stimme ihres Freundes erklang die völlig verwirrte Stimme einer Frau, die ungehalten fragte, wen die Anruferin sprechen wollte. Sie hatte sich verwählt. Was die Sache wirklich bizarr und den scharfen Ton der Angerufenen verständlich machte: Deren Ehemann hatte zufällig am gleichen Tag Geburtstag!

Rettungsanker

»Bitte entschuldigen Sie. Ich dachte, es ist schon wieder jemand, der ein Taxi will. Ich habe nämlich eine ganz ähnliche Nummer wie eine neue Taxizentrale, es treibt mich zum Wahnsinn.«

»Moment – das habe ich nicht gesagt, hier muß noch jemand in der Leitung sein.«

»Sie erfinden Anrufbeantworter, Anrufwarteschlangen, Anrufweitervermittlung, das einzige, was sie nicht erfinden, ist ein Anrufbeantworternachrichtenlöscher.«

»Oje, wie peinlich. Ich dachte, dies sei die Nummer meines Bruders. Tun Sie bitte so, als hätten Sie das nur geträumt.«

»Ich habe die falsche Nummer gewählt? Könnte es nicht sein, daß Sie das falsche Telefon abgehoben haben?«

»Nun ja ... OK ... es stimmt, ich habe mich verwählt. Und was haben Sie Freitagabend vor?«

»Hallo. Ich wollte dir nur erzählen, daß irgend jemand alle meine Freunde anruft, meine Stimme nachmacht und ihnen den größten Stuß auf den Anrufbeantworter spricht.«

Briefliche Fauxpas

Diese Fauxpas-Variante ist relativ selten, und zwar aus dem einfachen Grund, weil Sie meist ausreichend Zeit haben, bevor Sie etwas niederschreiben. Außerdem schreibt heute niemand mehr Briefe (obwohl E-mail das Briefeschreiben in einer neuen Form wiederbelebt hat). Bei brieflichen Fauxpas kommt hinzu, daß Sie häufig gar nicht erfahren, daß Sie einen begangen haben. Der Brief ist abgeschickt, und wenn Sie nicht eine Kopie behalten haben oder der Empfänger/die Empfängerin Ihres geschriebenen Fauxpas Sie darauf hinweist, wird nichts Ihre Seelenruhe stören.

Ich habe allerdings von einem schlimmen brieflichen Fauxpas gehört. Ein Tierarzt schickte an die Besitzerin eines Hundes, den er in Behandlung gehabt hatte, einen persönlich unterschriebenen Formbrief, um ihr mitzuteilen, daß es Zeit für eine Routine-Untersuchung des Tieres sei. Nun hatte er aber den Hund nicht einmal zwei Monate zuvor selbst eingeschläfert! Es war offenbar ein Fehler des Sekretariats, aber der Fauxpas war dennoch unverzeihlich, weil er der Empfängerin des Briefes Kummer bereitete.

Andere Dinge, die Sie brieflich vermasseln können, sind: einen Namen falsch schreiben; einen Brief in den falschen Umschlag stecken; etwas mitschicken, das nicht zu diesem Brief gehört; Informationen weitergeben, die Sie nicht hätten weitergeben dürfen. Postalische Fehlgriffe sind selten, doch wenn sie geschehen, sind sie so gravierend, daß sie fast immer nach einer telefonischen, manchmal sogar einer persönlichen Entschuldigung verlangen. Einer der folgenden Rettungsanker wird Sie hoffentlich aus Ihrer nächsten Tintenpatsche herausholen:

Rettungsanker

»Was meinen Brief angeht: Würdest du mir den Gefallen tun, das verdammte Ding zu verbrennen? Vielleicht könnten wir zusammen eine Art Ritual vollführen, damit der ganze Zwischenfall sich in Rauch auflöst.«

»Ich befürchte, mein Assistent hat dem Brief an Sie versehentlich etwas beigelegt, das nicht für Sie bestimmt war. Er büßt das gegenwärtig bei Wasser und Brot. Würden Sie die Seiten bitte einfach fortwerfen und nicht mehr daran denken?«

(Für E-mail) *»Ich bedaure – Cyberspace-Terroristen halten meine Festplatte besetzt.«*

Ein Todesfall
(und Sie wünschten, es wäre Ihr eigener)

Beim Gedanken an einige meiner schlimmsten Taktlosigkeiten wird mir heute noch schlecht, obwohl manche vor sehr langer Zeit geschehen sind. Einer dieser unvergeßlichen Ausrutscher passierte vor über fünfzehn Jahren in Baltimore, wo ich aufgewachsen bin.

Ich arbeitete damals bei der Mutter einer ehemaligen Schulfreundin, die wenige Jahre zuvor in Europa von einem Auto überfahren und getötet worden war. Diese Frau war sehr lieb zu mir – sie hatte mir den Job gegeben, und da wir quasi Nachbarn waren, holte sie mich sogar morgens zur Arbeit ab.

Eines Morgens war ich spät dran. Ich lief aus dem Haus zu der Ecke, an der sie immer auf mich wartete. Weil ich es eilig hatte, achtete ich vor dem Überqueren der Straße nicht auf den Verkehr und konnte nur mit Mühe einem heranfahrenden Auto ausweichen. Atemlos, aber vergnügt sprang ich zu ihr ins Auto und sagte: »Puh, es tut mir leid, daß ich zu spät bin. Haben Sie gesehen, daß dieser Wagen mich fast überfahren hätte?«

Die Worte hingen in der Luft, als sei eine Bombe explodiert. Alles erstarrte. Schließlich sagte sie knapp: »Ja, natürlich.« Wir wußten beide, wie leid es mir tat, daß ich das gesagt hatte, aber es ließ sich nicht zurücknehmen.

Fauxpas im Umfeld eines Todesfalls sind noch schlimmer als sexuelle Fauxpas. Der Tod spricht unsere tiefsten, furchtbarsten Ängste an, und jede Grenzverletzung kann eine ernste Gefährdung des emotionalen Gleichgewichts sein. Ob Sie bei einer Beisetzung einen geschmacklosen Witz gerissen oder in einem Gespräch mit einer Trauernden eine taktlose Bemerkung über das Sterben gemacht haben, mit einem der folgenden Rettungsanker können Sie die Wirkung Ihres Fauxpas ein wenig mildern. (Warnung: Sollten Sie gerade einen solchen Todesfall-Fauxpas begangen haben, *dürfen Sie auf gar keinen Fall dem Impuls nachgeben*, die Situation mit »tödlichen« Scherzen wie »Meine Idiotie bringt mich noch einmal um« oder »Ich haue immer todsicher daneben« zu retten – damit begehen Sie wirklich gesellschaftlichen Selbstmord.)

Rettungsanker

»*Um Himmels willen.* (Pause) *Ich wollte nicht an dieses schmerzliche Thema rühren, aber da es nun schon einmal geschehen ist – wie geht es Ihnen?*«

»*Es tut mir leid, das war geschmacklos. Ich kann mit Tod so schlecht umgehen, ich sage Dinge, die ich wirklich nicht meine.*«

»*Es tut mir leid. Ich hatte solche Angst, etwas Falsches zu sagen, daß mir jetzt genau das passiert ist.*«

»*Ich weiß, daß [Name des/der Toten] im Himmel mir verzeihen wird. Ich hoffe, du kannst mir auch verzeihen, es war eine wirklich dumme Bemerkung.*«

Kindermund: Retten Sie sich aus dem Fettnäpfchen Ihres Kindes

Fred und Gina hatten Freds Geschäftspartner Jim und einige andere Gäste zum Abendessen eingeladen. Am Morgen desselben Tages hatten sich die beiden im Beisein ihres achtjährigen Sohnes über Jim unterhalten. Fred witzelte, Jims Vortrag bei der letzten Konferenz sei so schlecht gewesen, daß er »sitzende Ovationen« bekommen habe. Am

Abend, der Nachtisch wurde gerade serviert, brüstete sich Jim damit, wie gut sein Vortrag bei der Konferenz gelaufen sei, und der Achtjährige sagte strahlend und in völliger Unschuld: »Onkel Jim, Papa sagt, dein Vortrag war so gut, daß du sitzende Ovationen bekommen hast.«

Solche Kindermund-Fauxpas sind leider unvermeidlich, wenn Sie vor Ihren Kindern über andere Leute klatschen. Doch selbst wenn Sie das nicht tun, können Kinder ausgesprochen verletzende Treffer landen, aus dem einfachen Grund, weil ihre sozialen Antennen noch nicht ausgebildet sind. Aber ist diese Ehrlichkeit nicht viel klarer und edler als unsere höflichen Täuschungen? Vielleicht – aber wenn Ihr Kind die neue Kinderfrau fragt, warum sie so fett ist, brauchen Sie einen dieser Rettungsanker:

Rettungsanker
(Warten Sie damit,
bis Ihr Kind das Zimmer verlassen hat)

»Ach, diese Susi! Sie verdreht meine Worte immer auf die peinlichste Weise! Was ich wirklich sagte, war …«

»Bitte entschuldigen Sie. Das hat gar nichts zu bedeuten … er sagt das quasi zu jedem.«

»Wissen Sie, manchmal sagen Kinder die unglaublichsten Dinge!«

»Manchmal wiederholen Kinder ja, was sie von ihren Eltern gehört haben, aber manchmal, wie jetzt gerade, plappern sie einfach nur etwas nach, was sie im Fernsehen gehört haben.«

Eigentor: Wenn Humor nach hinten losgeht

Viele Rettungsanker in diesem Buch sollen humorvoll sein (von witzig bis albern). Humor eignet sich besser als vieles andere dazu, Risse in unserem sozialen Geflecht zu reparieren. Leider aber ist auch nur weniges so entsetzlich wie eine witzige Bemerkung, die danebengeht.

Stellen Sie sich folgende Situation vor: Sie sitzen im Zug neben einer gutaussehenden, perfekt frisierten Frau. Sie beginnen ein Gespräch, das sehr nett verläuft. Sie wollen witzig sein und sagen zu ihr: »Sie haben so wundervolles Haar, das kann doch nur eine Perücke sein.« Kleinlaut bejaht sie das, ihr seien wegen einer Krankheit die Haare ausgegangen.

Es ist schrecklich, wenn Sie einen Witz machen wollten und dann so etwas geschieht, aber selbst solche Patzer gelten nur dann als Fauxpas, wenn sie in eine der fünf Fauxpas-Kategorien (Seite 30) gehören, er muß also unangebracht oder peinlich sein, oder er muß jemanden verletzen. Es versteht sich wohl von selbst, daß Sie *niemals* einen Scherz machen sollten, der auf rassistischen oder ethnischen Beleidigungen beruht. Selbst Witzeleien über ungewöhnliche Vorlieben oder Sitten können gefährlich sein. Eine Nachbarin von mir amüsierte sich einmal darüber, daß es einen komischen Stamm im Südpazifik gibt, der angeblich Truthahnschwänze verspeist. Seit jenem Abend weiß sie, daß Farmer in Idaho das auch tun.

Einer der folgenden Sätze kann Ihnen ein wenig Deckung geben, wenn Ihr Witz nach hinten losgegangen ist:

Rettungsanker

»Damit hätte ich 100 Punkte in der Witzsünderkartei, jetzt muß ich meinen Blödelschein abgeben.«

»Das kommt davon, wenn man unbedingt witzig sein will.«

»Verzeihen Sie, ich mache immer schlechte Scherze, wenn ich nervös bin. Das sollte ich langsam wissen.«

»Ich weiß nicht einmal, warum ich diesen Witz erzählt habe. Ich fand ihn auch nicht komisch, als ich ihn das erste Mal hörte. Ich sollte meinem Instinkt mehr vertrauen. Es tut mir leid, daß du auf diese Weise in den Lernprozeß hineingezogen wurdest.«

5.
Nichtverbale Fauxpas

Manchmal bringt uns nicht das in Schwierigkeiten, was wir sagen, sondern das, was wir tun. Ein »nichtverbaler Fauxpas« kann ein falscher Blick, eine Geste, ein Gaffen sein oder auch ein größeres Mißgeschick wie das, jemandem mit Pfennigabsätzen auf den Fuß zu treten. Menschen sind erstaunlich vielseitig: Wir können uns blamieren, indem wir stürzen, stolpern, etwas fallen lassen oder verschütten; wir können uns dabei ertappen lassen, herumzuschnüffeln, wo wir nichts verloren haben, uns dabei beobachten lassen, wie wir uns in der Öffentlichkeit die Strumpfhose hochziehen oder mit den Fingern im Essen eines anderen herumstochern. Die Möglichkeiten für einen Fauxpas, den wir nicht mit Worten, sondern mit dem Körper begehen, sind ohne Zahl.

Egal, welcher nichtverbale Fauxpas Ihnen unterläuft, ich garantiere Ihnen, daß Sie daran *nicht* sterben werden. Von manchen Peinlichkeiten, die Sie verursacht (oder erlitten) haben, werden Sie sich langsamer erholen als von anderen, aber auch hier gibt es Sätze und Strategien, mit denen Sie (von wirklichen Katastrophen abgesehen) die Situation wieder in den Griff bekommen.

Vermutlich wissen die meisten aus eigener Erfahrung, wie siedend heiß einem vor Scham werden kann, wenn man völlig falsch angezogen ist. Mit »falsch« meine ich drastisch anders als alle anderen. Zwei oder drei Persönlichkeiten mit unerschütterlichem Selbstbewußtsein ausgenommen, werden nur die Menschen am untersten Ende der ökonomischen Leiter (die vielleicht froh sind, überhaupt etwas zum Anziehen zu haben) und jene am obersten Ende (die so reich sind, daß sie sich alles erlauben können) diese Erfahrung mit Sicherheit nicht machen.
Ich war einmal zu einem großen Fest eingeladen. Der Ort war ein sehr exklusiver, sehr privater Club, Abendgarderobe war erbeten, es sollte ein richtiges Orchester spielen. Als der Gastgeber mir sagte, daß es eigentlich ein Ball sei, wußte ich, was ich anziehen würde: Mein schwarzes Kleid aus den vierziger Jahren. Es handelt sich um ein bodenlanges Abendkleid mit einem Taftrock, der weit und steif steht wie bei einem Scarlett O'Hara-Kleid, die Taille ist sehr schmal, das herzförmige, rote Samtoberteil ist trägerlos, zu einem solchen Kleid muß man unbedingt lange Abendhandschuhe tragen. Es ist eine so große Abendrobe, daß sie fast etwas Theatralisches hat. Aber ich dachte, wenn ich je eine Gelegenheit habe, es anzuziehen, dann jetzt.
Ich möchte nicht allzu lange bei der Erinnerung an den eisigen Augenblick meiner Ankunft verweilen. Es genügt, wenn ich sage, daß alle anderen Frauen kurze Kleider trugen. (Das waren nicht die Kreise, in denen ich sonst verkehre – wie hätte ich das wissen sollen?) Der Gastgeber warf einen Blick auf mich, drehte sich um und sprach den

restlichen Abend kein Wort mehr mit mir (das zum Thema Fauxpas). Vor meinem Spiegel zu Hause hatte ich mich gefühlt wie Aschenbrödel im Festgewand, nun war mir eher wie Aschenbrödel im rußigen Kittelchen.
Was tat ich? Drehte ich mich um und rannte fort, versteckte ich mich auf der Toilette, verkroch ich mich in der letzten Ecke und zog mir dort den Mantel über den Kopf?
O nein! In solchen Situationen muß man sich *immer* der Lage gewachsen zeigen. Mehr noch: Je unpassender Ihre Kleidung, um so mehr müssen Sie der Welt zeigen, daß Sie sich nicht schämen, daß Sie sich bewußt so angezogen haben oder zumindest nicht unglücklich darüber sind, wie die Dinge sich entwickelt haben. Heucheln Sie Selbstbewußtsein: Lächeln Sie strahlender als sonst, lachen Sie mehr, versuchen Sie, sich den Anschein von Souveränität und Weltgewandtheit zu geben. Vergessen Sie nicht, daß Image zum überwiegenden Teil auf Illusion beruht. Häufig wird man Sie, solange Sie tun, als sei alles in bester Ordnung, auch nicht schräg ansehen. Am Ballkleid-Abend, von dem ich erzählte, atmete ich einmal tief durch und tat dann so, als seien alle *anderen* falsch angezogen. (Ach herrje, ich vermute, die Armen *haben* gar kein Ballkleid!) Ich tanzte Walzer, ich flirtete, ich trank Champagner. Kurz, ich amüsierte mich hervorragend.
Wenn Ihr Aufzug ganz und gar unpassend ist (Sie kreuzen bei einer akademischen Preisverleihung in Shorts auf), ist es klug, sich sofort, noch vor dem ersten Gespräch, eine unterhaltende oder interessante Ausrede zu überlegen, warum Sie so gekleidet sind. »Die Fluglinie hat heute nachmittag meinen Koffer verschlampt« ist keine schlechte Strategie, obwohl mir selbst etwas Frecheres besser gefällt

wie »Ich hatte gerade eine Unterredung mit Bernd Eichinger.« Ich versichere Ihnen, je wilder die Lüge, um so glaubwürdiger ist sie.
Sie können Ihren unpassenden Aufzug mit zahllosen Behauptungen rechtfertigen. Wählen Sie eine der folgenden:

Zehn perfekte Gründe für Ihren unpassenden Aufzug

1. Sie müssen sofort danach zu einer Einladung/Konferenz etc.
2. Sie kommen gerade von einer Einladung/Konferenz etc.
3. Sie kommen direkt aus dem Büro und hatten keine Zeit, sich umzuziehen.
4. Sie gewinnen gerade eine Wette.
5. Sie haben die schriftliche Einladung nicht erhalten.
6. Ein Freund hat Ihnen einen Streich gespielt und gesagt, alle kämen so.
7. Sie schreiben einen Artikel über abweichendes Verhalten in Kleingruppen. Dies ist Teil Ihrer Recherche.
8. Sie kleiden sich immer so exzentrisch, weil Sie damit die Aufmerksamkeit auf sich ziehen.
9. Sie tragen niemals etwas anderes als das, denn Sie sind der Ansicht, daß es Sie versklavt, jeden Tag aufs neue überlegen zu müssen, was Sie anziehen sollen.
10. Sie haben einen Nervenzusammenbruch.

Ich möchte natürlich nicht, daß jemand glaubt, Lügen sei in solchen Situationen der *einzige* Ausweg (obwohl ich Schwindeln oft lustig, problemlos und streßmindernd finde). Manchmal mag es Ihnen angenehmer und in Anbetracht der Umstände auch klüger sein, sich über Ihren

Mode-Fauxpas auszulassen, statt ihn zu leugnen. Übertreiben Sie ruhig, kokettieren Sie damit, seien Sie witzig und selbstbewußt – nur eines dürfen Sie auf gar keinen Fall tun: Jammern, Sie seien falsch angezogen.

Küßchen hier, Küßchen dort: Zuviel Vertrautheit erzeugt Verachtung

Jeder und jede von uns hat es schon einmal getan, allen von uns ist es schon einmal passiert. Selbst wenn es unbeabsichtigt und unvorbereitet geschah: Plötzlich wird Ihnen klar, daß Sie offenbar die Regeln des körperlichen Verhaltens verletzt und jemanden auf unakzeptable Weise berührt haben.

Die Fauxpas, die sich um unangemessene und/oder allzu vertraute Berührungen drehen, sind subjektiver als die meisten anderen Fauxpas. Für manche ist es eine zulässige, kameradschaftliche Geste, während eines Gesprächs jemandem den Arm um die Schulter zu legen, andere empfinden das als Affront, ja als Übergriff. Wieviel Berührung ist zuviel?

Es gibt keine strikten Regeln, aber man kann doch sagen, daß manche Berührungen (Umarmen, Händeschütteln, auf die Wange küssen) sozial eher erlaubt sind als andere (Zwicken, Schlagen, Piken). Sie wollten sich immer versichern, daß die Person, die Sie gerade (wie auch immer) anfassen möchten, das als angenehm empfindet. Wenn Sie sich bei einer Abendeinladung lange mit jemandem unterhalten und dieser Person dann die Hand auf den Arm legen, um Ihrem Argument Nachdruck zu verleihen, ist das vermutlich in Ordnung. Aber achten Sie darauf, wie Ihr Gegenüber reagiert; sollten Sie bemerken, daß sie oder er jedesmal verschreckt wirkt, sobald Sie die Hand in ihre/seine Richtung strecken, sollten Sie so höflich sein, die Unterhaltung ohne das Armgrabschen fortzuführen. (Warnung: Wenn Sie zuviel getrunken haben, sind Sie ein potentieller Fauxpas auf Beinen! Vermeiden Sie es – falls Sie noch so klar denken können –, andere zu berühren, wenn Sie nicht nüchtern sind.)

Es gilt häufig als anstößig, wenn Erwachsene einander in der Öffentlichkeit auf eine der folgenden Arten berühren – es sei denn, sie sind sehr eng befreundet oder verliebt (und selbst dann sind einige kaum zu tolerieren):

➔ Begrüßungskuß auf den Mund
➔ Küsse auf den Nacken
➔ Über den Kopf streichen
➔ Haare zerzausen
➔ Haare streicheln
➔ Zwicken
➔ Piken
➔ Fest anfassen (überall außer am Arm, und auch das nur, um jemanden daran zu hindern, etwas umzurennen, in etwas hineinzutreten usw.)
➔ Beißen, Lecken, Knabbern usw.
➔ Nasenzwicken
➔ Ohrenziehen
➔ Kniezwicken
➔ Schlagen (außer sehr leicht auf den Rücken)

Es liegt in der Natur der Sache, daß sich Menschen, die einen Berührungs-Fauxpas begehen, darüber meist nicht im klaren sind. Sie sind entweder gesellschaftlich unerfahren oder betrunken, sie sind Don Juans (männliche oder weibliche), sexuelle Belästiger, senil, psychotisch oder stammen aus einem anderen Land, wo dieses Verhalten akzeptabel ist. Es kommt allerdings, wenn auch sehr selten, vor, daß das Opfer des Berührungs-Fauxpas die Person, die berührt, zur Ordnung ruft, indem er (oder sie) etwas sagt wie »Nehmen Sie Ihre Hände da weg!« oder »Ich schätze es nicht, wenn Sie das mit meiner Nase machen.« Sollte man Ihnen etwas Derartiges sagen, hören Sie um Himmels willen augenblicklich mit dem auf, was Sie gerade tun, und entschuldigen Sie sich nachdrücklich.

Es ist ehrlich gesagt recht schwierig, die Achtung eines Menschen wiederzuerlangen, den Sie auf diese Weise beleidigt haben. Vielleicht können Sie, falls das Objekt Ihres Fauxpas darauf eingeht, den Fauxpas zum Ausgangspunkt für ein Gespräch darüber machen, wieviel Raum jeder Mensch um sich braucht und warum manche dazu neigen, diesen Raum zu verletzen. Es beweist, daß Ihr Bedauern aufrichtig ist, außerdem könnten Sie dabei etwas über Ihre Neigung erfahren, andere zu begrabschen, zu befummeln oder zu schubsen.

Verschütten, Stolpern, Rempeln und Fallen

Die Welt, in der wir leben, ist nicht perfekt. Es geschehen Unfälle. Menschen werden angerempelt, Gläser umgeworfen, Kaffee schwappt auf den Orientteppich, und jedem kann es passieren, daß er über eine Unebenheit im Boden stolpert. Wann aber ist eine solche Ungeschicklichkeit ein Fauxpas? Warum sind manche Zusammenstöße auf Cocktailpartys so peinlich, warum möchten Sie sich manchmal neben das von Ihnen zu Fall gebrachte Opfer legen und vor Verzweiflung in den Teppich beißen?

Der Unterschied zwischen einem einfachen Mißgeschick und einem Fauxpas ist äußerst subtil und dreht sich im Grunde um die Frage, ob Sie das Geschehene hätten vermeiden können.

Sagen wir, eine Frau, die Sie (warum auch immer) beeindrucken möchten, hat Sie zu einem kleinen Fest zu sich nach Hause eingeladen. Nach Ihrer Ankunft gehen Sie in die Küche und fragen die Gastgeberin, ob Sie ihr helfen können.

»Gern«, sagt sie und deutet auf zwei große Tabletts voller Schüsseln fürs Fondue, »die Tabletts müssen ins Eßzimmer – aber nimm sie lieber nacheinander, sie sind schwer.«

Sie, der Macho vom Dienst, nehmen beide, werfen der Bekannten ein beiläufiges »für mich kein Problem« hin und machen sich auf den Weg ins Eßzimmer. Erst als Sie das Gleichgewicht verlieren und eins der Tabletts (natürlich das mit den Soßen) auf den Teppich kracht, dämmert Ihnen, daß es für Sie wohl doch ein Problem und allein schon der Versuch idiotisch war.

Das ist kein Fauxpas, weil Sie versuchten, mehr zu tragen, als Sie tragen konnten, es ist ein Fauxpas, *weil Sie vorgewarnt waren*. Mit anderen Worten, der Zwischenfall hätte sich leicht vermeiden lassen, das Desaster ist Folge Ihrer falschen Selbsteinschätzung. Unachtsamkeit aufgrund falscher Selbsteinschätzung – sei es aus Nervosität, Schüchternheit, Eitelkeit, Alkohol, Müdigkeit oder einem tief verwurzelten Minderwertigkeitsgefühl – führt oft zu nichtverbalen Fauxpas. Es ist nicht zwingend ein Fauxpas, wenn ein Gast sein Glas umstößt und der Rotwein auf die antike Spitzendecke seiner Gastgeber läuft, aber es ist *ganz sicher* ein Fauxpas, wenn das passierte, weil er zuviel getrunken hat.

Vielleicht haben Sie den Eindruck, daß ich hier allzu theoretisch werde. Aber bitte bedenken Sie: Im Moment des Fauxpas macht sich niemand solche Gedanken. Man weiß meist intuitiv, ob etwas ein Fauxpas war oder nicht. So gilt es eigentlich immer als Fauxpas, ins kalte Büfett zu fallen (es sei denn, jemand hat Sie gestoßen), da jeder annimmt, daß Sie etwas Derartiges sicher nicht täten, wenn Sie alle Sinne beisammen hätten. Und als eine Bekannte von mir auf der Straße einen Blinden umrannte (sie achtete nicht darauf, wohin sie ging, und sein Stock verfing sich in ihren hohen Absätzen), wußte sie augenblicklich, daß das niemals hätte passieren dürfen – und auch nicht passiert wäre, wenn sie aufgepaßt hätte.

Dieses Verschütten, Stolpern, Rempeln und Fallen kann überall passieren: auf einer Party, im Büro, in einem Geschäft, auf der Straße, auf der Post, beim Friseur, in der Bank, im Theater oder in der Kirche; es kann dazu führen, daß man sich einfach nur blamiert, oder dazu, daß jemand körperliche Verletzungen davonträgt. Hier eine kleine Auswahl der zahllosen Peinlichkeiten, die Sie sich möglichst ersparen sollten:

- ➔ Getränke oder Speisen verschütten bzw. fallen lassen – auf sich selbst, jemand anderen, auf Möbel.
- ➔ Versehentlich den Inhalt Ihrer Handtasche, Jackentasche oder Aktentasche auskippen.
- ➔ Verschmierte Messer, Gabeln oder Löffel fallen lassen.
- ➔ Durch heftiges Gestikulieren Gläser, Nippes oder Lampen umwerfen.
- ➔ Etwas mit Ihrem Rucksack oder Ihrer großen Handtasche zu Boden fegen.
- ➔ Gegen eine Wand, Möbel oder Leute fallen.
- ➔ Andere gegen eine Wand, Möbel oder Leute drücken.
- ➔ Auf Fußzehen, kleine Haustiere und Krabbelkinder treten.
- ➔ Jemanden anrempeln, der Speisen oder Getränke – vor allem *heiße* Speisen oder Getränke – trägt.
- ➔ Jemanden anrempeln, der gerade schreibt, fotografiert oder mit einem scharfen Gegenstand hantiert.
- ➔ Über Teppiche, Ihre eigenen oder die Füße anderer stolpern.
- ➔ Über Babys oder über einen Kinderwagen stolpern, in dem ein Baby schläft.

Rettungsaktion

Solche Fauxpas laufen mitunter wie Stummfilm-Szenen ab und fesseln daher die Aufmerksamkeit aller Anwesenden. Das bedeutet für den, dem der Fauxpas unterläuft, oft ein hohes Maß an Peinlichkeit und macht die Rettung der Situation zu einer ausgesprochenen Herausforderung (»Herausforderung« ist das moderne Wort für »höllisch schwer«).

Falls Sie etwas verschüttet haben oder gestolpert sind und es nicht Ihr Fehler war, müssen Sie das *als allererstes* kundtun, damit die Zuschauer das Mißgeschick nicht Ihrer Unbeholfenheit anlasten. In solchen Fällen müssen Ihre Haltung und Reaktion eindeutig demonstrieren, daß jemand anders die Schuld daran trägt (oder es ein Gottesakt war), daß Sie auf der letzten Treppenstufe stolperten oder Ihre Schwester in den Pool schubsten. Aber wahren Sie dabei Ihre Würde und werden Sie nicht gehässig. Ein einfaches und vages »Es tut mir sehr leid, ich habe offenbar das Gleichgewicht verloren« ist oft effektiver, als jemanden direkt zu beschuldigen. In den meisten Fällen werden Opfer und Zuschauer wissen, wessen Schuld es war – Ihre wohlerzogene Höflichkeit, den Schuldigen nicht zu nennen, wird Ihnen Dutzende von Sympathiepunkten einbringen.

Sollten Sie wirklich die Schuld an einem folgenschweren Fauxpas haben und sich deswegen am liebsten in Luft auflösen wollen, müssen Sie versuchen, Ruhe zu bewahren. Zum einen kann es sein, daß Sie bei Ihren Bemühungen, die Situation zu retten, von unerwarteter Seite Hilfe bekommen. Häufig werden eklatant ablaufende Fauxpas-Desaster mit Hilfe freundlicher Fauxpas-zifisten geglättet – jener Menschen, die sich einmischen und damit Ihren Tag (und Ihr Gesicht) retten. Das geschieht am ehesten in Situationen, in denen Sie selbst vollauf damit beschäftigt sind, Scherben aufzusammeln oder zu überprüfen, ob noch alle Knochen heil sind. Aber auch wenn Ihnen niemand bei der Schadensbegrenzung hilft, müssen Sie versuchen, Ihren Fehler wiedergutzumachen. (Anmerkung: Ob Ihr nichtverbaler Fauxpas einen Rettungsversuch nach sich ziehen muß oder nicht, hängt auch davon ab, wo Sie sind. Wenn Sie im Feierabendverkehr in der U-Bahn jeman-

dem auf den Fuß treten, ist das eine völlig andere Situation, als wenn Ihnen das bei einem offiziellen Empfang passiert.)
Die einzige eherne Regel für die Reaktion auf Verschütten, Stolpern, Rempeln und Fallen lautet: Sollte jemand anderes in das Geschehen hineingezogen worden sein, *müssen* Sie um Entschuldigung bitten, egal, welche anderen Beschwichtigungs-Strategien oder Rettungsanker Sie wählen. Die Strategien und Sätze aus dem dritten Kapitel können Ihnen auch nach solchen Zwischenfällen gute Dienste leisten. Grundsätzlich stehen Ihnen drei Wege offen:

1. Wahrheit: Das ist eigentlich die angenehmste Methode für alle, die kein großes Trara mögen; aber Ehrlichkeit ist nicht gleich Ehrlichkeit. Wenn Sie jemandem Ihren Martini über die Schuhe geschüttet haben, bedeutet Ehrlichkeit nicht zu sagen: »Ich habe wie üblich zuviel getrunken und bin jetzt in der Phase, wo ich mich und andere immer zusaue«, sondern eher etwas wie »Ach du liebe Güte – das tut mir wirklich leid! Ich weiß nicht, ob der Raum schwankt oder ich, aber ich denke, ich gehe jetzt besser zu Mineralwasser über!«
2. Lügen: Der Versuch ist immer riskant (aber immer lohnend, wenn es klappt). Lügen funktioniert nicht bei allen Fauxpas gleich gut. Bei dem gerade angeführten Martini-Beispiel würde ich es nicht versuchen; falls Sie aber jemanden von hinten anrempeln, können Sie versuchen, das Opfer davon zu überzeugen, daß jemand *Sie* geschubst hat. Und wenn Sie sich im Foyer der Oper gerade zum Mittelpunkt des Interesses gemacht haben, weil Ihnen vor lauter Fahrigkeit die Handtasche hingefallen ist – und der ganze

peinliche, intime, verknautsche Inhalt auf dem Boden verstreut liegt –, können Sie es mit »Verflixt! Ich muß endlich den Verschluß reparieren lassen!« versuchen.

3. **Herunterspielen:** Diese Strategie ähnelt dem Fauxpas-moi, nur tun Sie hier nicht so, als wäre alles in bester Ordnung, sondern Sie spielen Ihre Dummheit herunter. Verhalten Sie sich *völlig* entspannt. Ziel der Strategie ist, daß Sie Ihren Fauxpas mindestens ein Loch tiefer hängen. Beim Herunterspielen räumen Sie zwar ein, daß Sie gerade Ihren Mund verfehlt haben und jetzt tatsächlich rote Grütze über Ihr apfelgrünes Leinenkostüm läuft, aber Sie tun so, als sei das nicht besonders wichtig. Sie können diese Beiläufigkeit mit einer Bemerkung wie »Ach, das ist jetzt aber blöde« oder »Na! Das ist aber ein Ding!« unterstreichen. Das Herunterspielen funktioniert, weil die Umstehenden nach einem Fauxpas häufig ihre Reaktionen daran orientieren, wie *Sie* reagieren. Es dauert immer einen Moment, bis alle begriffen haben, was gerade geschehen ist, und einen weiteren, bis sie für sich sortiert haben, was das bedeutet. Und da müssen Sie schon »Keine große Affäre!« signalisieren. (Warnung: Diese Strategie ist völlig ausgeschlossen, falls Ihretwegen jemand zu Schaden gekommen ist. Einmal hat eine Kellnerin das bei mir versucht: Sie überschüttete mich mit heißer Suppe, und statt sich zu entschuldigen, warf sie mir einfach eine Serviette zu. Ich war halb ohnmächtig vor Wut, muß aber zugeben, daß es ein recht kühner Versuch war, die Sache herunterzuspielen.)

Falls Sie für solche Situationen einen Standardsatz parat haben möchten, sollten Sie einen der folgenden in Betracht ziehen:

»Ich habe mir vorgenommen, weniger zu trinken. Und wenn ich jedes zweite Glas Wein verschütte, habe ich meinen Alkoholkonsum schon halbiert.«

»Nun schauen Sie nicht so grimmig! Ich melde es meiner Haftpflicht-Versicherung.«

»Es tut mir wirklich leid, ich bin zur Zeit so ungeschickt, ich bekomme meine Tage.« (Warnung: Nach diesem Satz verlassen die meisten Männer fluchtartig den Raum.)

»Entschuldigung! Hier herrscht ein Gedränge wie in der U-Bahn.«

Andere nichtverbale Patzer: Von banal bis absurd

Verschütten, Stolpern, Rempeln und Fallen sind keineswegs die einzigen Fauxpas, die mit Taten statt Worten begangen werden. Man kann sich auf zahllose Arten mit einem Blick, einer Geste, Bewegung oder Handlung danebenbenehmen. Die Patzer reichen von häufigen (gleichwohl sehr unhöflichen) Gesten wie der, jemandem ins Gesicht zu gähnen, der/die Ihnen gerade etwas erzählt, bis hin zu wahrhaft absurden Dusseligkeiten wie der, sich zu verabschieden und dann mit Schwung in einen Wandschrank statt aus der Haustür zu gehen.

Banalitäten

Gerade vor kurzem habe ich auf einem hochoffiziellen Empfang einen der schlimmsten Wald-und-Wiesen-Fauxpas begangen: Eine Frau erzählte mir etwas über einen der Anwesenden, woraufhin ich mich umsah, wen sie meinen könnte, und dann – auf den Mann deutete!

»Jeanne!« tadelte mich meine Gesprächspartnerin entsetzt. »Schreibst du nicht gerade *ein Buch* über Fauxpas?« Sie hob die Augenbrauen, als wolle sie sagen: »Du bist mir eine schöne Expertin!« Und ich war so entsetzt, daß mir nichts anderes einfiel als: »Na ja, du weißt ja, der Lahme führt den Blinden.«

Selbstverständlich möchten Sie sich keinen der folgenden Patzer zuschulden kommen lassen, aber vergessen Sie nicht, daß Sie auch nur ein Mensch sind. Falls es Ihnen noch nicht passiert ist, ist es sehr wahrscheinlich, daß Sie sich früher oder später in einer dieser Klemmen wiederfinden werden:

- ➔ Jemand sieht, wie Sie mit dem Finger auf jemanden deuten.
- ➔ Sie werden dabei beobachtet, wie Sie aus der Fingerschale trinken, sich Zucker in die Suppe streuen, die Hand statt das Brötchen buttern usw.
- ➔ Sie werden dabei ertappt, wie Sie jemanden anstarren, der behindert oder entstellt ist.
- ➔ Sie schlafen an einem Ort ein, wo es nicht angebracht ist – bei einer Party, einem Geschäftsessen, einem Vortrag, einer Konferenz oder im Kreißsaal, während Ihre Frau ein Kind bekommt.
- ➔ Sie werden dabei ertappt, wie Sie in den persönlichen Papieren oder Sachen von jemandem herumschnüffeln (Medizinschränkchen, Schreibtischschublade, Kommode mit Unterwäsche usw.).

- ➔ Ihre Kleidung ist nicht richtig befestigt, im unpassendsten Augenblick und im Beisein anderer fällt etwas zu Boden oder öffnet sich.
- ➔ Sie haben Kopfhörer auf und merken zu spät, daß Sie zu laut sprechen oder, ohne es zu wissen, laut mitsingen und deswegen komisch angeguckt werden.
- ➔ Sie haben Toilettenpapier an der Schuhsohle kleben und merken es erst, nachdem Sie an vier Kollegen vorbeigegangen sind.
- ➔ Sie machen ein Geräusch, das Sie nicht machen wollten – Kichern bei einer Beerdigung, Schluchzen bei einer Mitarbeiterkonferenz, schallendes Lachen während der Aufführung eines Trauerspiels, Schnarchen während einer Trauung.
- ➔ Sie werden dabei ertappt, wie Sie in den Zähnen stochern, Fingernägel kauen, auf den Fingerknöcheln herumbeißen, sich die Lippe zerbeißen oder im Schritt kratzen.

Bei den meisten dieser Peinlichkeiten können Sie entweder die gleichen Strategien wie bei Verschütten oder Umrennen (Wahrheit, Lüge, Herabspielen), eine der Grundtechniken des dritten Kapitels oder einen dieser Sätze anwenden:

»Stimmt. Ich habe keine Kinderstube.«

»Meine Mutter hat mir immer gesagt, ich soll darauf achten, daß die Welt von mir Notiz nimmt.«

»Ach je! Knöpfe sind auch nicht mehr das, was sie einmal waren.«

»Das haben Sie jetzt aber nicht gesehen!«

»Wieviel müßte ich springen lassen, damit Sie darüber Stillschweigen wahren?«

»Mein Körper tut heute einfach nicht, was ich ihm sage.«

Bitte beachten Sie: Auf unwillentliche Körperfunktionen und Geräusche – ohne Taschentuch herzhaft niesen, Ihrem Tischnachbarn ins Essen husten, laut rülpsen und so weiter – gehe ich aus Gründen des Anstands nicht näher ein. Bemühen Sie sich, dergleichen in der Öffentlichkeit diskret zu tun, besser noch, es zu unterlassen. Tun Sie es doch und werden dabei ertappt, ist Ihre beste Fauxpas-Strategie eine Kombination aus Entschuldigung und Ausrede: »Oh, bitte *entschuldigen* Sie! Ich fühle mich schon seit längerem gar nicht wohl.« Spucken in der Öffentlichkeit sollte auf der Stelle und ohne Ausnahme mit Inhaftierung geahndet werden.

Absurditäten

Eine Frau, die ich für dieses Buch interviewte, erzählte mir von einem sehr eigenartigen Fauxpas. Sie und ihr Mann waren mit einer Bekannten ausgewesen. Auf der Heimfahrt setzte das Taxi das Paar als erste ab, die Bekannte saß vorne, der Ehemann ging um den Wagen herum und lehnte sich ins Fenster, um sich von ihr zu verabschieden. Dabei umfaßte er, wie er *glaubte*, ihren Arm (unter einem dicken Wintermantel), in Wirklichkeit aber war es ihre Brust. Bis ihm aufgrund von Form und Konsistenz dämmerte, was er in der Hand hielt, war bereits so viel Zeit vergangen, daß er nicht abrupt loslassen und somit preisgeben wollte, daß er von seinem Fauxpas wußte. Er beschloß, daß es nur eine Möglichkeit gab, die Peinlichkeit für ihn und die Frau nicht noch zu vertiefen, und die war, sie weiterhin in dem Glauben zu lassen, er wisse nicht von seinem »Fehlgriff«. (So jedenfalls wurde mir die Geschichte erzählt.) Er verabschiedete sich so schnell er konnte und ließ sie los.

Ich fand, das sei so ziemlich das Absurdeste, was ich je gehört habe, bis mir meine Freundin Katharina eine erstaunliche Flugzeug-Geschichte erzählte – sie schwört, daß sie genau so passiert ist: Vor Jahren machte sie eine ihrer ersten Geschäftsreisen per Flugzeug. Sie hatte in der Nacht zuvor wenig geschlafen, schlief nach dem Start sofort ein und wachte erst drei Stunden später, kurz vor der Landung, wieder auf. Folgendes war geschehen: 1. Sie hatte den ganzen Flug verschlafen. 2. Sie hatte den ganzen Flug mit dem Kopf auf dem Schoß ihres Nachbarn verschlafen, und sie hatte ihm 3. auf die Hose gesabbert.

Was tat sie? Was sagte sie? Was sagte *er*? Absolut nichts. Ich möchte hier nicht darüber spekulieren, was einen Mann dazu bewegen mag, drei Stunden lang den Kopf einer Fremden im Schoß zu dulden, aber was Katharina anging – und das gilt für alle, die einen solch ungeheuerlichen nichtverbalen Fauxpas begehen – war völliges Totschweigen wohl der beste, möglicherweise der einzige Fluchtweg. Wäre sie nicht so fix und fertig gewesen, hätte sie es mit einem ironischen »Ich hätte vielleicht um ein Kissen bitten sollen« versuchen können, aber nachdem jemand sich dermaßen blamiert hat, ist es verständlich, daß es ihm die Sprache verschlägt.

Bei den gerade beschriebenen Fauxpas haben die Schuldigen die Situation zu Recht so eingeschätzt, daß sie am klügsten tun, als sei nichts Ungewöhnliches vorgefallen. Sollte Ihr Patzer allerdings bizarr, aber nicht so schlimm sein, daß Sie deswegen sofort zu hyperventilieren beginnen – wie der Fauxpas eines Arztes, dem, als er sich unmittelbar nach einer Geburt zur erschöpften Frau hinabbeugte, die Zahnbürste aus dem Kittel und direkt neben die junge Mutter fiel –, sollten Sie es mit Witz probieren: »Mit einer guten Zahnpflege kann man nicht früh genug anfangen!« Jede Fauxpas-Situation braucht natürlich ihre eigene, maßgeschneiderte Reaktion. Damit Ihnen im richtigen Moment der richtige Witz einfallen kann, darf Ihnen nicht vor lauter Verlegenheit die Zunge eingefroren sein. Erinnern Sie sich so oft Sie können daran, daß es niemanden auf der Welt gibt, der sich nicht schon einmal blamiert hätte, und daß die Menschen oft mehr Mitgefühl haben, als Sie glauben.

Es spielt keine Rolle, welchen lustigen oder blamablen nichtverbalen Fauxpas Sie begehen, mit den Strategien, die Sie für Verschütten, Stolpern, Rempeln und Fallen gelernt haben, retten Sie Ihr Gesicht. Und seien Sie nicht zu schüchtern, legen Sie bei den Rettungsversuchen etwas Mut an den Tag! Sich auf den Fauxpas-moi oder das Herunterspielen zu verlassen, ist die einfachste, aber mit Sicherheit auch die kleinmütigste Lösung. Scheuen Sie sich nicht vor Risiken, holen Sie Ihren Fauxpas ans Licht der Öffentlichkeit und betrachten Sie ihn näher. Was wäre das Schlimmste, das passieren könnte?

6.
Die besten und die schlimmsten Fauxpas aller Zeiten

Das dicke Ende: Der verpatzte Rettungsversuch

Da ich fast jeden Fauxpas, den ich begehe, auszumerzen versuche, geschieht es mitunter, daß der Rettungsversuch völlig danebengeht. Einige der Strategien und Rettungsanker, die Sie bisher kennengelernt haben, bergen leider eine Gefahr: Je raffinierter und gewagter Ihr Manöver, um so größer das Risiko, daß Ihr Problem – was Fauxpas angeht – sich vergrößert, falls der Versuch scheitert. Es ist wie alles oder nichts beim Roulette: Sie können sehr viel gewinnen, aber auch alles verlieren. Zu den unbehaglichsten Fauxpas-Situationen meines Lebens gehören die, bei denen der Rettungsversuch mißlang.

Finden Sie das alarmierend? Bitte nicht! Ich bin fest überzeugt, daß Sie sich aus jedem Fettnapf, in den Sie sich hineinmanövriert haben, auch wieder herausmanövrieren können, solange Sie die Nerven behalten.

Nehmen wir ein Beispiel.

Vor nicht allzu langer Zeit wollte eine Freundin namens Esther mich verkuppeln und arrangierte ein »*blind date*«. Da ich mich sehr selten auf *blind dates* einlasse und es in ihrer Natur liegt, nervenaufreibend und wenig unterhaltsam zu sein, war ich, milde ausgedrückt, nicht in Hochform und folglich sehr Fauxpas-gefährdet.

Wir trafen uns in einem Café und begannen mit den üblichen Fragen eines ersten Treffens. »Also«, wagte ich mich vor, »Esther hat mir erzählt, daß du Makler bist.«

Mein Gegenüber wirkte verblüfft. »Nein, ich bin Graphiker.« Beschämt über meinen Fauxpas versuchte ich verzweifelt, mich daran zu erinnern, was Esther gesagt hatte, und mir fiel ein, daß ein anderer Mann, mit dem sie mich hatte verkuppeln wollen, es dann aber aufgegeben hatte, Makler war. Ich holte Luft und wartete mit einem, wie ich meinte, brauchbaren, ja brillanten, Fauxpas-Gegenangriff auf.

»Ach, das wird einer der ungezählten Männer sein, mit denen sie mich verkuppeln wollte!« Ich lachte.

Zu meinem Entsetzen war diese, wie ich meinte, witzige Bemerkung eine völlige Bruchlandung. »Ja, vermutlich«, war die eher lahme Antwort. (Ich hatte den Rettungsversuch verpatzt, er hatte meine Ironie nicht verstanden und glaubte nun, ich hätte so viele *blind dates*, daß ich die Männer nicht auseinanderhalten konnte.)

Das sind die düsteren Momente im Leben, in denen man daran denkt, alles hinzuschmeißen und fortzulaufen. Aber wenn Ihre Bemühungen um Schadensbegrenzung dermaßen scheitern, stecken Sie zu tief im Schlamassel, um aufgeben zu können. Sie *müssen* weitermachen, bis Sie wieder festen Boden unter den Füßen haben. Ich holte also nochmals tief Luft.

»Es tut mir leid – das war ein jämmerlicher Versuch, witzig zu sein«, sagte ich ganz ernst. »Ehrlich gesagt, ich bin etwas nervös. Ich gehe eigentlich nie zu einem *blind date*. Esther hat nie versucht, mich mit einem anderen Mann bekannt zu machen, ich habe keine Ahnung, wieso ich dachte, du seist Makler.« Ich lächelte und sagte dann: »Vielleicht hast du ja in einem anderen Leben Schlösser gekauft und verkauft.«

Das mag keine geniale Wiedergutmachung gewesen sein, aber sie hat die Wellen recht passabel geglättet. Er taute danach etwas auf, und es wurde sogar noch ganz nett.

Um sich von einem verpatzten Rettungsversuch zu retten, müssen Sie entweder, wie ich es tat, eine völlige Kehrtwendung machen (der erste Rettungsanker war eine flapsige Bemerkung, daher mußte der zweite ein aufrichtiges Geständnis sein, um die erste Bemerkung zu neutralisieren). *oder* Sie müssen unbeirrt auf der gleichen Schiene weitermachen. Dann hätte ich es beim zweiten Anlauf mit: »Hm, Moment mal ... Sie tragen ja auch gar keine rote Nelke, ich glaube, ich bin am falschen Tisch« versuchen können. Mit anderen Worten, ich hätte den Scherz, den ich begonnen hatte, so lange fortgeführt, bis er begriffen hätte, daß es ein Scherz ist. Aber da dieser Mann meinen Sinn für Humor offenbar nicht teilte, war die Kehrtwendungsvariante einfach klüger.

Erst wenn Sie in das schwarze Loch einer mißlungenen Fauxpas-Rettung blicken – und keine Sekunde früher –, wissen Sie, mit welcher Taktik Sie sich aus dieser Situation retten können. Aber wofür Sie sich auch entscheiden: Geben Sie erst auf, wenn Sie dem tiefen Morast Ihres Mehrfach-Fauxpas sicher entkommen sind. Sie werden froh darüber sein.

Falls Sie meinen, ein verpatzter Rettungsversuch sei das Schlimmste, was Ihnen passieren kann, haben Sie sich leider getäuscht. Er kommt selten vor, aber wenn er zuschlägt, ist nichts so entsetzlich, verwirrend oder vernichtend wie ein Mehrfach-Fauxpas. Der Mehrfach-Fauxpas ist der Hurrikan des Gesellschaftslebens.

Um Ihnen zu verdeutlichen, was ich meine, gebe ich ein Telefongespräch zwischen zwei Männern, Hans und Michael, wieder. Anlaß für den Anruf war, daß Thomas, ein gemeinsamer Freund der beiden, Michael erzählt hatte, Hans wolle einen Computer verkaufen. Michael wollte sich danach erkundigen, und das Gespräch verlief, wie man mir erzählte, etwa wie folgt:

(Klingeln)

HANS: Hallo?

MICHAEL: Tag. Ist da Hänschen?

HANS: (Pause) Wer spricht?

MICHAEL: Ach, Entschuldigung, es nennen Sie wohl nicht viele Leute außer Thomas so ... Also, ich bin ein Freund von Thomas.

HANS: Aha. Und?

MICHAEL: Also, ich heiße Michael, und Thomas hat gesagt, Sie wollen einen Computer verkaufen. Er hat gesagt, Sie müßten ihn verkaufen, weil Sie entlassen wurden und Sie, na ja, Sie wissen schon, also weil Sie jetzt ein bißchen knapp sind und so ... ich meine ... das heißt ... also es wird schon nicht so schlimm sein, oder ... also ... ach ja, was ist es denn überhaupt für ein Computer?

HANS: Ein PC 386 mit einem zwölf Zoll Schwarzweiß-Monitor und einem HP Deskjet-Drucker.

MICHAEL: Das ist doch nicht Ihr Ernst! Da ist ja der besser, den ich *jetzt* habe! (Stille) Ich meine, ich wollte etwas Leistungsfähigeres.

HANS: Schade, da kann ich Ihnen nicht weiterhelfen.

MICHAEL: Ach, ist schon in Ordnung. Tut mir leid. Aber wenn ich von jemandem hören sollte, der etwas für den Anfang sucht ... vielleicht ein Schüler oder so ...

HANS: Machen Sie sich bitte deswegen keine Mühe.

MICHAEL: (Pause) Ich denke, ich hänge jetzt besser auf.

HANS: Das scheint mir eine gute Idee zu sein. (Klick)

In diesem kurzen Gespräch hat Michael es geschafft, vier Fauxpas zu begehen (auch wenn die letzten beiden fast identisch waren). Es gab keinen Rettungsversuch, verpatzt oder nicht, sondern nur einen Fauxpas nach dem anderen. (Michael mußte sich nach dem Gespräch eine Stunde aufs Sofa legen.)

Diese katastrophale Unterhaltung war ein Mehrfach-Fauxpas des Typs A: die Aneinanderreihung von zwei oder mehr *verbalen* Fauxpas. Es gibt auch Mehrfach-Fauxpas des Typs B – eine Kombination von verbalen und nichtverbalen Fauxpas – oder einen Mehrfach-Fauxpas des Typs C, das ist eine Aneinanderreihung von zwei oder mehr nichtverbalen Fauxpas. Dazu zwei Beispiele:

Typ B: Jürgen hat seine neue Chefin zu Besuch. Er ist so nervös, daß er sich einen Moment lang nicht an den Namen seiner eigenen Frau erinnert, als er die beiden mitein-

ander bekannt machen möchte. Das verstärkt seine Nervosität, er geht einen Schritt zurück und wirft dabei eine Lampe um, die auf den Steinfußboden fällt und in tausend Stücke zerbricht.
Typ C: Übermüdet und erschöpft von einem allzu langen Arbeitstag geht Jane zu einer Abendeinladung, wo sie nach zwei Glas Wein so zu lachen anfängt, daß sie nicht mehr aufhören kann. Während des Lachanfalls schüttet sie sich Cognac über den Rock. Jane folgt der Gastgeberin in die Küche, um den Fleck auszuwaschen, und geht dabei zu dicht hinter ihr her. Als die Gastgeberin stehenbleibt, rempelt Jane sie so heftig an, daß sie stürzt.

Bei den meisten Mehrfach-Fauxpas können Sie nichts tun, um wirklich ganz ungeschoren davonzukommen. Hier einige Rettungsanker, die zumindest ein wenig helfen. (Lesen Sie noch einmal die verschiedenen Abgänge auf Seite 84. Vielleicht möchten Sie einfach nur verschwinden.)

Halbe Rettungsanker

»Könnte jemand den Notarzt holen? Ich brauche Sauerstoff, eine Gehirntransplantation oder was auch immer.«

»Das ist gerade zum schlimmsten Tag meines Lebens geworden.«

»Augenblick ... ich glaube, mein Kopf dreht sich um 360 Grad!«

»Ich glaube, wir haben alle den gleichen Traum – und der ist wirklich ganz furchtbar.«

(Eine letzte Bemerkung dazu: Es gibt einige wenige Unglückliche auf der Welt, die eine solche Neigung zu Fauxpas haben, daß sie unablässig Mehrfach-Fauxpas begehen. Diese Menschen leiden unter der sogenannten MFF-Krankheit, für die eine Heilung noch nicht in Sicht ist.)

Rassistische Fauxpas und politisch nicht korrekte Äußerungen

Wegen der tiefreichenden Gefühle von Furcht und Scham, die damit einhergehen, ist es schwierig, über rassistische Fauxpas überhaupt zu sprechen. Diese Verfehlungen sind häufig gravierender als ein reiner Fauxpas und enthüllen leider viel darüber, wie hartnäckig wir unbewußt an Stereotypen festhalten. Es kann Ihnen den Magen umdrehen, rassistische Fauxpas zu hören, geschweige denn, sie selbst zu begehen. Wenn Sie ohne Nachdenken einen Italiener »Spaghettifresser« oder einen Asiaten »Schlitzauge« nennen, wenn Sie wie selbstverständlich davon ausgehen, daß eine Ausländerin, die Ihnen in einem Geschäft entgegenkommt, eine Verkäuferin und nicht die Geschäftsführerin ist, kann Sie das vor Scham erbleichen lassen. Dieses tiefe Schamgefühl entspringt Ihrem Wissen, daß solche Fauxpas an der Oberfläche harmlos wirken mögen, in Wirklichkeit aber düstere und destruktive Wurzeln haben: Vorurteile.
Alle Menschen haben Vorurteile der einen oder anderen Art. Wenn ich aber über rassistische Fauxpas spreche, denke ich nicht an krasse Feindseligkeit oder Aggressivität, sondern an etwas Beiläufigeres. Es gibt einen Unterschied

zwischen Fauxpas und Geschmacklosigkeiten; sollten Sie viele ethnische Witze erzählen, ist Ihnen möglicherweise egal, wen Sie beleidigen.
Aber die meisten von uns erstarren allein bei dem Gedanken, daß ihnen etwas Derartiges unterlaufen könnte, und diese Angst führt natürlich oft dazu, daß es geschieht. Je größer Ihre Furcht, etwas Falsches zu sagen, um so sicherer können Sie sein, daß es Ihnen passiert. Die meisten rassistischen Fauxpas und politisch nicht korrekten Bemerkungen fallen in die fünfte Fauxpas-Kategorie: Etwas tun oder sagen, das schlicht und einfach dumm ist.
Sollten Sie bei einem solch furchtbar peinlichen Ausrutscher erwischt werden, beachten Sie bitte:

Entschuldigen Sie sich, ohne sich zu kasteien

Sollte Ihnen sofort klar sein, daß Sie einen rassistischen Fauxpas begangen haben, ist die gradlinigste (und oft beste) Lösung, die betreffende Person aufrichtig um Entschuldigung zu bitten. (In diesen Situationen sollten Sie sich, wenn es überhaupt möglich ist, entschuldigen, *ohne dabei witzig sein zu wollen.*) Sie mögen der Ansicht sein, Sie sollten den Patzer besser stillschweigend übergehen, als auch noch darüber zu sprechen; aber Fauxpas dieser Art sind meist so beleidigend, daß Sie die/den Betroffenen – und alle, die es mitbekommen haben – sofort wissen lassen sollten, daß Sie Ihr Unrecht einsehen. Das können Sie, je nachdem wie gravierend Ihr Fauxpas war, eher beiläufig tun – und rasch zu einem anderen Thema übergehen – oder Sie können der betreffenden Person sagen, daß Sie das nicht nur bedauern, sondern dergleichen in Zukunft unterlassen werden.

Aber werden Sie nicht unterwürfig. Was passiert ist, läßt sich nicht ungeschehen machen. Schuldgefühle erzeugen nur noch mehr Angst. Man erwartet von Ihnen nur, daß Sie aus Ihren Fehlern lernen und dafür sorgen, daß dergleichen nicht nochmals geschieht. Solange Ihre Bemerkung nicht wirklich gehässig oder gezielt beleidigend war, sollte die andere Person Ihnen verzeihen können.

Gehen Sie niemals in die Defensive

Es kann geschehen, daß Sie beschuldigt werden, einen rassistischen Fauxpas begangen oder jemanden rassistisch beleidigt zu haben, und Sie diese Meinung nicht teilen. Vielleicht haben Sie recht, aber beginnen Sie darüber keinen Streit, denn es könnte auch sein, daß Sie unrecht haben. Sagen Sie dem oder der Betreffenden, die Kritik habe Ihnen Stoff zum Nachdenken gegeben. (Und denken Sie wirklich darüber nach!)

Was weltanschauliche Fauxpas angeht, sind allgemeingültige Ratschläge schwer zu erteilen. Halten Sie sich am besten immer an die zweite Fauxpas-Regel: Überlegen Sie, bevor Sie etwas sagen, wer Ihnen zuhört. Wenn Sie mit einer engagierten Tierschützerin sprechen, sollten Sie ihr nicht erzählen, wie gern Sie zur Wachteljagd gehen, es sei denn, Sie suchen Streit.

Nichts geht mehr: Hoffnungslose Situationen

Manche gesellschaftliche Szenarien oder Schicksalswendungen sind so außergewöhnlich erniedrigend, verletzend oder belastend, daß man sie nicht mehr als Fauxpas bezeichnen kann. Ich hoffe sehr, daß Ihnen keine dieser Katastrophen jemals zustößt, aber es ist vielleicht beruhigend zu wissen, wo die äußeren Grenzen des Fauxpas-Universums verlaufen. So sehr Sie sich morgen blamieren mögen, was Ihnen unterläuft, ist vermutlich nicht einmal halb so schlimm wie das, was eine *wirklich* hoffnungslose Situation auszeichnet. Ich erzähle Ihnen einige Extreme der Peinlichkeit, um die Schmerzen Ihrer Fauxpas-Wunden zu lindern; sie sollen daran erinnern, daß unsere Fehler, die uns innerlich zusammenzucken lassen, so schlimm nicht sind.

Bühnen-Katastrophen

Es ist peinlich genug, wenn Sie bei einem Empfang den Namen Ihres Chefs vergessen, das aber ist nichts gegen den Moment, wenn Sie auf der Bühne Ihren Text vergessen oder bei einer wichtigen Verkaufspräsentation kein Wort mehr herausbringen. Die Schauspielerin Sally Field hat einmal ihr schlimmstes Erlebnis als Schauspielerin beschrieben. Es war einer ihrer ersten Filme, sie war noch jung und unerfahren, und sie mußte laut Drehbuch in einer Szene weinen. Das riesige Team von Technikern und Hilfskräften war bei den Dreharbeiten dabei, und als sie weinen sollte, sahen alle sie an. Aus welchem Grund auch immer: Fields Augen blieben trocken. Die gesamte Szene mußte von vorne gedreht werden, und als das Zeichen zum Weinen gegeben wurde, kamen wieder keine Tränen. Bis zum heutigen Tag denkt sie mit Schrecken an diesen Moment und daran, daß er sich wiederholen könnte.

Das ist der schlimmste Alptraum aller, die auf der Bühne

und im Fernsehen arbeiten. Der Fauxpas selbst mag nicht schlimmer sein als die meisten, aber da er so extrem öffentlich geschieht, ist er an der Grenze dessen, was man zu ertragen vermag.

Beim Betrügen erwischt werden

Wenn Sie dabei ertappt werden, wie Sie beim Kreuzworträtsel schummeln, mag das ein Fauxpas sein, werden Sie jedoch dabei erwischt, wenn Sie beim Poker betrügen oder in einer Prüfung bei Ihrem Nachbarn abschreiben, stellt sich nicht mehr die Frage nach Wiedergutmachung oder Entschuldigung. Betrug ist kein Fauxpas, es ist eine Verletzung der Moralgesetze der Gesellschaft. Es ist zudem schlecht für Ihr Karma. Falls Sie beim Betrügen erwischt werden, sollten Sie sich möglicherweise um spirituelle Hilfe bemühen. Und obwohl *faux pas* ursprünglich den »Fehltritt« einer Frau bezeichnete, sind die Fauxpas-Götter auch nicht zuständig, wenn Sie sich dabei erwischen lassen, daß Sie Ihren Mann betrügen. Das müssen Sie und Ihr Partner allein wieder geradebiegen.

Vorfälle mit alten Menschen

Ein Bekannter erzählte mir eine außerordentlich eigenartige Geschichte über seine Großmutter. Irgendwie konnte sie Strümpfe und Strumpfhosen nicht mehr unterscheiden (vielleicht hatte sie überhaupt vergessen, daß es Strumpfhosen gibt). Jedenfalls kam sie eines Tages zur Kirche und trug zwei Paar neue Strumpfhosen, wobei an ihren Beinen je ein leeres Strumpfbein herabbaumelte.

Ich weiß von einer älteren Dame, die einem ausgestopften Hund richtiges Essen serviert. Die Fehler alter Menschen sind manchmal amüsant, manchmal traurig, aber sie müssen immer entschuldigt werden. Sie sind niemals Fauxpas.

Ernste Schäden

Wenn Sie mit Ihrer Ungeschicklichkeit einen ernsten Schaden anrichten, zählt das selbstverständlich nicht als Fauxpas. Wenn sich Ihretwegen jemand schwer verletzt, wenn Ihretwegen jemand entlassen wird, ja sogar, wenn Sie Madeira über eine wertvolle Erstausgabe von Thomas Manns *Zauberberg* schütten, wird Ihnen kein Rettungsanker und keine Verhaltensregel dieses Buches helfen. Dann brauchen Sie einen Anwalt, eine Versicherung und möglicherweise ein oder zwei neue Freunde.

Unübertroffene Fauxpas

Von Zeit zu Zeit erzählt mir jemand eine Fauxpas-Geschichte, die so furchtbar ist, daß jeder, der sie hört, laut aufschreit. Ich nenne sie »unübertroffene Fauxpas«, weil die Menschen, die im Mittelpunkt dieser Geschichten stehen, den Gipfel des Fauxpas erklommen haben. Bei diesen monströsen Fauxpas läßt sich nichts mehr beschwichtigen, nichts mehr retten, ist die Blamage nicht zu beschönigen. Sie haben nur ein Gutes: Sie lassen sich wunderbar erzählen.

Eine solche Geschichte fand in einer Bäckerei in Greenwich Village statt. Es war Samstagmorgen, der Laden war brechend voll. Eine recht umfangreiche Dame hatte gerade einen dreilagigen Schokoladenkuchen gekauft und wollte damit den Laden verlassen, übersah aber eine große Einkaufstasche, die am Boden stand. Sie stolperte, als erstes flog ihr der Kuchen in hohem Bogen aus der Hand. Dann

fiel sie gegen den Mann, der hinter ihr stand, der fiel gegen die Person hinter sich und so weiter – am Ende lagen vier Kunden und ein Schokoladenkuchen am Boden.
Ich kenne eine andere Geschichte, die eigentlich zu abstrus und furchtbar ist, um wahr sein zu können, aber der, der sie mir erzählte, hat geschworen, sie sei wirklich so passiert.
Nach vielen Monaten raffte sich ein Verliebter (nennen wir ihn John) endlich auf, seine Angebetete (nennen wir sie Ellie) zu einem Ausflug einzuladen. John war äußerst nervös und wollte bei Ellie unbedingt einen guten Eindruck machen. Das Verhängnis begann damit, daß gleich nach der Begrüßung Johns Hose hinten bis zum Bund aufkrachte. Weil er das vor Ellie verheimlichen wollte, rannte er auf dem Weg zum Bahnhof mit einer Ausrede in ein Bekleidungsgeschäft und kaufte eine neue Hose, während die ahnungslose Ellie sich Schaufenster ansah oder was auch immer. John dachte, er könne sich im Zug umziehen und Ellie würde von all dem nichts merken. Sobald sie im Zug waren, noch bevor sie einen Platz gefunden hatten, entschuldigte John sich und ging fort, um die Hose zu wechseln. Der Nahverkehrszug hatte aber keine Toiletten, ihm blieb daher nur eine Ecke am Ende des letzten Waggons. In seiner Hektik, das hinter sich zu bringen, zog er die kaputte Hose aus und warf sie aus dem Fenster. Er griff in die Einkaufstüte und zog statt der neuen Hose – einen Damenpullover heraus! Er hatte offenbar im Geschäft in der Eile die falsche Tüte gegriffen.
John band sich den Pullover um und dachte einige Minuten lang nach. Er überlegte, womit er Ellie erklären könnte, warum er keine Hose trug. In diesem Moment fuhr der

Zug in den ersten Bahnhof ein. John stieg aus, nahm ein Taxi und hat die Frau nie wiedergesehen oder gesprochen. (Vielleicht liest sie jetzt diese Geschichte und hat die Antwort auf eins der großen Rätsel ihres Lebens.) John wußte offenbar, daß er unter diesen Umständen keine Chance hatte, das Gesicht zu wahren; ihm blieb nur die Flucht.
So dramatisch diese Geschichten auch sein mögen, der Sieger im Wettbewerb um den schlimmsten Fauxpas aller Zeiten kann nur George Bush heißen. Er erhält den Preis für den unvergeßlichen Fauxpas im Januar 1992, als er dem japanischen Premierminister sein Abendessen in den Schoß kotzte. Das ist wirklich nicht zu übertreffen.

Berühmte Fauxpas

Wir alle mögen Geschichten über Berühmtheiten und Romanfiguren, die Fauxpas begehen. Es hat etwas Tröstliches, daß sich selbst hochbezahlte Profis in der Öffentlichkeit blamieren, und wir verfolgen es mit Vergnügen, wenn sich die Protagonisten unserer liebsten Romane, Filme oder Fernsehserien auf gleiche Weise gesellschaftlich unmöglich machen wie wir. Aber verstehen es diese berühmten Fauxpas-Begeher, sich elegant aus der Schlinge zu ziehen? Sehen wir uns einige berühmte Fauxpas im Hinblick darauf an, wie die Betreffenden damit umgegangen sind:

Berühmter Fauxpas Nr. 1

In einer der bekanntesten Szenen in *Vom Winde verweht* zieht Scarlett O'Hara Ashley Wilkes in seine Bibliothek und gesteht ihm ihre Liebe – auf ausgesprochen undamenhafte Weise. Nachdem Ashley gegangen ist und Scarlett tief enttäuscht eine Vase zerschlagen hat, tritt Rhett Butler hervor; er hat die ganze peinliche Szene belauscht. Scarlett war so erregt, daß sie eine der wichtigsten Anti-Fauxpas-Regeln außer acht gelassen hatte: Vergewissern Sie sich, wer Sie hören kann.

Rettungsversuch: Scarlett will sich aus der Affäre ziehen, indem sie Rhett den Fauxpas zuschiebt – er hätte sie auf seine Anwesenheit aufmerksam machen müssen. Das scheitert völlig und macht alles nur schlimmer. Das ist ein wirklich verpatzter Rettungsversuch. Ich hätte erst versucht, alles herunterzuspielen, und wäre dann sehr schnell verschwunden.

Berühmter Fauxpas Nr. 2

Vor wenigen Jahren führten das amerikanische Moderatorenpaar Regis Philbin und Kathie Lee Gifford ein Interview mit Art Garfunkel über ein Buch, das er gerade geschrieben hatte. Mindestens zweimal während des Gespräch sprach Philbin Mr. Garfunkel mit »Paul« an (dem Vornamen seines berühmteren Ex-Partners Paul Simon).

Rettungsversuch: Regis Philbin ist berühmt dafür, daß er ständig in Fettnäpfchen landet, man könnte fast sagen, daß das seinen Charme ausmacht. Hier rettete er sich, wie immer, mit der Selbstbeschimpfungs-Entschuldigung (siehe Seite 63), also etwas in der Art: »Ach, das *ist* mir jetzt aber unangenehm! Ich werde nicht jünger … irgendwie habe ich die Sache nicht mehr im Griff!« Aber da Philbin seinen

Fauxpas mehrfach wiederholte, konnte er ihn nicht ganz ausmerzen.

Berühmter Fauxpas Nr. 3

In Jane Austens *Stolz und Vorurteil* schnüffelt Elizabeth Bennet mit ihrer Tante und ihrem Onkel im Herrenhaus Pemberley herum, als der Besitzer Mr. Darcy unerwartet nach Hause kommt und sie dabei überrascht. Das Peinlichste an der Situation ist, daß Elizabeth kurz zuvor einen Heiratsantrag von Mr. Darcy sehr entschieden abgelehnt hat.

Rettungsversuch: Ein echter Fall von Fauxpas-zifismus! Mr. Darcy läßt keine weitere Verlegenheit aufkommen und stellt Miss Bennets seelisches Gleichgewicht wieder her, indem er sich ihr gegenüber galanter und höflicher verhält denn je. Er erkundigt sich wohlerzogen nach dem Befinden ihrer Familie und erweist ihr die Ehre, sie zu bitten, seine Schwester kennenzulernen. Durch sein Verhalten zeigt er ihr, daß ihre Anwesenheit in Pemberley für ihn kein Fauxpas, sondern ein Glücksfall ist. Niemand kann einen Fauxpas und dessen Konsequenzen besser beschreiben als Jane Austen.

Berühmter Fauxpas Nr. 4

Das *Guinness-Buch der Rekorde* nennt als einen der berühmtesten Fauxpas aller Zeiten den eines Multimillionärs namens James Gordon Bennett am Neujahrstag des Jahres 1877. Offenbar völlig betrunken, kletterte er durch ein Fenster in die Wohnung seiner Verlobten in der New Yorker 5th Avenue, verwechselte den Kamin mit einer Toilette und erleichterte sich vor Angehörigen ihrer Familie.

Rettungsversuch: Keiner. Die Verlobung ging auseinander, er zog nach Paris. Das war ganz ohne Zweifel eine völlig unrettbare Situation (in der ihm nur noch die Flucht blieb), obwohl man heute vielleicht versuchen könnte, auf vorübergehende Geistesverwirrung zu plädieren.

Fauxpas-itiv: Der Happy-End-Fauxpas

Ich habe mit Sicherheit nicht jeden Fauxpas bedacht, der je begangen wurde, oder jede Fauxpas-Situation, die je entstehen kann. Die Möglichkeiten sind ohne Zahl, und da das Leben sich täglich ändert, ergeben sich auch täglich neue Gelegenheiten für einen Fauxpas. Und wie bei neuen Viren, müssen wir auch hier neue Antibiotika, neue Arten der Wiedergutmachung, neue Rettungsanker erfinden.
Trotz der Verlegenheit und des Schmerzes, den sie bereiten können, sind Fauxpas für das Wohlbefinden einer Gesellschaft sehr wichtig. Stellen Sie sich vor, wie langweilig und leblos gesellschaftliche Anlässe wären, gäbe es nicht die stets gegenwärtige, unter der Oberfläche lauernde Gefahr eines plötzlichen Eklats. Fauxpas definieren unsere Grenzen, aber sie reißen auch Grenzen zwischen Menschen nieder und bringen die eisige Fassade des gesellschaftlichen Reglements zum Schmelzen; sie sind wie das störrische Unkraut, das zwischen Pflasterritzen wächst. Indem wir Fauxpas begehen, bleiben wir bescheiden und vergessen nicht, daß wir uns unablässig bemühen müssen, unseren Umgang mit der Welt zu verfeinern. Wie sonst sollen wir lernen, wenn nicht aus unseren Fehlern?

Vergessen wir auch nicht, daß Fauxpas oft interessante Momente im Leben sind, die deswegen auch am ehesten im Gedächtnis haften bleiben. Manchmal sind sie sogar das einzige, was wir von einem Ereignis in Erinnerung behalten, lange nachdem die Wasserflecken auf dem Flügel entfernt wurden. Wer weiß: Vielleicht kommt in ein paar Jahren, wenn Sie in einem der neumodischen Hochgeschwindigkeitszüge ein Buch lesen, jemand auf Sie zu und sagt: »Guten Tag! Wir kennen uns. Sie haben doch damals über Frau Neumanns Kuchen hergezogen.« Und schon werden Sie sich über diese gemeinsame Erinnerung verbünden (es sei denn, der Fremde ist *Herr* Neumann).

Viele Fauxpas haben sogar etwas Gutes. Manchmal passiert ein Mißgeschick, das letztendlich Ihr Leben besser macht. Falls Sie mir nicht glauben, sollten Sie meine Freundin Beth fragen.

An einem kalten und regnerischen Abend vor zwei Jahren sagte sie kurzfristig eine Verabredung mit einem Mann – Carl – ab. Zum einen war sie schlechtgelaunt, zum anderen fand sie ihn ziemlich öde. Sie sagte ihm, sie habe Grippe, und ging dann mit einer Freundin in ein Restaurant in der Nähe ihrer Wohnung. Und wie das Schicksal so spielte (das Schicksal spielt oft so), tauchte zufällig auch Carl dort auf.

Beth sprach nicht mit ihm, sondern aß ihr (mit einer kräftigen Prise schlechtem Gewissen gepfeffertes) Abendessen und gab sich größte Mühe, krank auszusehen. Am nächsten Tag aber nagten die Schuldgefühle so sehr an ihr, daß sie Carl anrief, sich tausendmal entschuldigte und ihn bat, sich von ihr zum Essen einladen zu lassen.

Sie ahnen es: Die beiden wohnen seit fast einem Jahr zusammen und sind sehr verliebt – dank des Fauxpas, der sie zusammenbrachte.

Ich hoffe, daß Sie nun, nachdem Sie dieses Buch gelesen haben, einige Ihrer Fauxpas-Ängste ablegen und Ihr Selbstbewußtsein in Fauxpas-Situationen stärken konnten, daß Ihnen die Fauxpas-Geschichten geholfen und Sie amüsiert haben. Vergessen Sie nicht, daß Sie jeden Fauxpas mit heiler Haut überstehen können und überstehen werden. Es ist wirklich alles nur halb so schlimm! (Wundern Sie sich nicht, falls Sie eines Tages sogar anfangen, an einige Ihrer Fauxpas mit einem gewissen Amüsement zurückzudenken.)
Und bedenken Sie auch: Fauxpas sind nicht nur furchtbar. Es würde der Welt vielleicht gar nicht schlecht bekommen, wenn alle ständig Fauxpas begingen. Wenn wir im Umgang miteinander unser Visier etwas mehr öffneten, wenn wir gesellschaftliche Konventionen außer acht ließen und aufhörten, uns für unsere Schwächen und kleinen Macken zu schämen – wer weiß, vielleicht würden mit der Zeit alle Menschen bewußter und freier miteinander umgehen.
Aber natürlich ist niemand gern der Gast, an den sich alle erinnern, weil sein Walzer mit der Braut in der Hochzeitstorte endete.